売上高
×
営業利益
×
キャッシュフロー で

会社の「稼ぐ力」を読み解く

今村 一真・赤岩 茂 著
Imamura Kazuma　Akaiwa Shigeru

中央経済社

はじめに

1　会計を取り巻く環境の変化―かつてより身近に

　現在は，さまざまな分野でデジタル・トランスフォーメーション（DX）化が進展し，会計の分野にも大きな影響を与えています。従来の簿記や会計の学習では，仕訳をして元帳に転記し，それをもとに貸借対照表や損益計算書などの財務諸表を正確にかつ早く作成する能力が問われてきました。この作業もDX化によって，他のシステム等からデータを受け入れ，自動的に仕訳する（外部データの受入れによる自動仕訳）という作業が当たり前になりました。これまで会計担当者は「仕訳のスキル」を活かすことが期待されてきましたが，それだけで会計担当者の意義を説明するのは難しい社会になったのです。このため，ITやAIにより，会計担当者が職を失うかもしれないとの予測も出されています。

　しかし，もはやこれは，会計担当者だけでなく，あらゆるビジネスパーソンが会計を身近に感じる絶好のチャンスです。「（財務諸表を）作ることから，活用すること」に，その重点がシフトする時代です。それに伴ってさまざまな人たちが財務情報を十分に分析できれば，企業の課題や問題点を抽出し，なぜ，そうなのかという仮説と解決方法を経営者や管理者に意見具申を行うことが当たり前になるでしょう。関係部署への改善等の働きかけも可能ですから，組織の活性化が期待できます。そして何より，こうした企業経営を分析するスキルをもった人は，ますます企業経営の中核人財として活躍するでしょう。

2　企業経営の分析に必要な3つの力

　では，このように活躍するために，どのような力が必要でしょうか。本書では，3つの力が必要だと考えて，わかりやすく説明していきます。

【第Ⅰ部　基本編】思考力と情報収集力
思考力（Chapter 1・4）

　企業経営を分析するために必要な財務情報とはどのようなもので，どのよう

i

はじめに

に調べればよいのでしょうか。最初に，何に注目すればよいか，その情報をどのように収集できるのかを学びます。また，企業経営を分析するために必要な財務情報が収集できれば，そこからどのようなことを考えることができるでしょうか。収集した情報には何が示され，それはどのような意味を持っているのでしょうか。このことについて，理解を深める思考が必要ですし，それはある方向への見通しを考えるうえで決め手になることがあります。ここでは，これを考えるための基本的な視点を学びます。

情報収集力（Chapter 2・3）

本来，財務分析では，収益性分析・安全性分析，生産性分析といったさまざまな観点から，その分析指標も体系化されています。しかし，本書ではあえて初学者のために，収益性分析，しかも，その中の売上高と営業利益の関係と公表された決算説明資料等の非財務情報を活用して，「たったこれだけでもここまで分析できる」という手法を提示しました。もちろん，本書の知識をベースにより深く財務分析の手法を理解することが望ましいといえます。

【第Ⅱ部　実践編】分析力（Chapter 5～13）

企業経営を分析するために必要な財務情報が収集でき，分析に必要な思考が身につけば，いよいよ経営分析に着手できます。第Ⅱ部では，分析の視点を拡張する考え方に触れながら，さまざまな分析ができることを学びます。

はじめに

【第Ⅲ部　発展編】仮説検討・事業構想力（Chapter 14〜 Chapter 16）

　企業経営はさまざまな考え方に基づいて実践されていますが，それはどのように説明できるでしょうか。マーケティングや戦略にどのような特徴があるでしょうか。企業は経営資源を活かして次なる挑戦を実現していくわけですが，それはどのようなものだとよいでしょうか。

　現在のような未来の予測が難しい時代では，１つの解答があるわけではなく，問題や課題を外部から提示されるとも限りません。従来の学習では，問題を与えられ，それにいかに正確に，早く解答することが求められてきました。しかし現在では，問題そのものを発見し，その問題を解決するための仮説の検討や事業を構想する力こそが求められているのです。そのためには，会計の知見だけでは足りず，マーケティングや経営戦略などの経営学の知見も必要になります。そこで，本書ではよく知られている理論と会計を結びつけるための考え方を解説します。

　最後に，企業の意思決定の根拠に迫りながら，どのような未来が展望できるのか，さらにどのような方針の転換が必要なのかなど，さまざまな議論ができるようになるための考え方を学びます。

3　本書のねらい─誰がどのように活用できるのか？

　さいごに，本書のねらいを記します。本書の多くは企業の財務情報を扱い，その活用を想起させる内容となっています。これを誰が，どのように使うとよいでしょうか。

　今日においてビジネスを学ぶ機会は，高等学校でも用意されている場合があります。大学生なら就職活動における業界分析や企業各社の動向を把握する必要もあるでしょう。こうした若者が気軽に情報を収集することができ，そこから企業活動の実際を目の当たりにしながら興味や関心を広げていくのは，とても有意義なことです。企業が何をしようとしていて，どのような成果や課題があるのかを考えることができれば，経営戦略を評価することもできるでしょうし，未来を展望することもできるでしょう。

　ビジネスパーソンであれば，さらに実践的な考え方と結びつけて学ぶことができるに違いありません。営業担当者なら，顧客企業の実態を考察する機会に

iii

はじめに

なるでしょうし，自社や他社の事業活動の分析や評価につながることでしょう。それはすなわち，企業の意思決定を考察する力となるわけですから，経験が蓄積されればコンサルティングが可能な能力にもつながっていくことでしょう。

　本書は初学者でも読みやすい内容や構成にしていますが，そこから派生するさまざまな考えに示唆を拡げれば，企業における意思決定にも活かせる視点になりますし，財務情報をどう読み解いて経営に生かすことができるかを考える力がつくことは間違いありません。そうした研修を企画してテキストにすることもできますし，もちろん独学で学びながら実践につなげていくことも可能です。本書は，いろいろな人がさまざまな目的に応じて活用できるよう，工夫されています。どうぞ気軽に手に取って読み進めながら，財務情報からはじまる幅広い発展可能性を探る旅に出発しましょう！

目　次

はじめに

 1 会計を取り巻く環境の変化―かつてより身近に　**i**

 2 企業経営の分析に必要な3つの力　**i**

 3 本書のねらい―誰がどのように活用できるのか？　**iii**

■第Ⅰ部　基本編

Chapter 1　経営分析に必要な思考① ——————— 2

 1-1 費用から収益や利益がもたらされます　**2**

 1-2 組織外部（市場）での挑戦が不可欠です　**3**

 1-3 営業収益（売上高）は市場創造の成果です　**4**

Chapter 2　分析に必要な財務情報 ——————— 5

 2-1 営業収益（売上高）は企業活動の成果です　**5**

 2-2 財務情報を整理したものが財務諸表です　**6**

 2-3 損益計算書，貸借対照表，キャッシュ・フロー計算書を財務諸表といいます　**7**

 2-4 簿記とは日常の取引をルールに従い記帳することです　**8**

 2-5 損益計算書に注目すると企業の経営成績が分析できます　**8**

 2-6 営業収益と営業費用に注目すれば営業活動がわかります　**9**

 2-7 分析視点を特定すれば成果が検討できます　**11**

Chapter 3　企業が公開している情報 ——————— 12

 3-1 上場企業は財務情報の公開を義務づけられています　**12**

 3-2 金融商品取引所の上場企業は有報を作成しています　**13**

目　次

| Advanced Point | 有報での新たな開示内容　**14**

| Advanced Point | 非財務情報も豊富な有価証券報告書　**15**

3-3　上場企業はさまざまな情報を公開しています　**15**

3-4　有報からグループ会社全体のことがわかります　**16**

3-5　セグメント（事業）ごとの財務情報もみつかります　**17**

3-6　製造原価も検討できます　**18**

3-7　理解のプロセスが大切です　**18**

Chapter 4　**経営分析に必要な思考②** ———————————— **19**

4-1　結論や主張を前提や根拠と結びつければ論理的に説明できます　**20**

4-2　論理構造は主張の妥当性を高めます　**21**

4-3　相関関係と因果関係の違いはとても大切です　**21**

4-4　相関関係の発見は操作化への挑戦の始まりです　**23**

4-5　財務情報と非財務情報から仮説（関係やつながり）を見つけましょう
　　　23

4-6　仮説の発見が大切です　**25**

| Advanced Point | 財務情報と非財務情報　**26**

| Advanced Point | 財務情報と非財務情報の関係　**26**

■**第Ⅱ部　実践編**

Chapter 5　**経営分析メソッド　基礎編①** ———————————— **28**

5-1　仮説の妥当性をさまざま考えます　**28**

5-2　売上高が増減する理由や背景に迫ります　**29**

5-3　表計算ソフトのグラフ機能を使って数値の変化を示します　**31**

5-4　営業利益が増減する理由や背景に迫ります　**33**

5-5　売上高営業利益率が増減する理由や背景に迫ります　**35**

目　次

Chapter 6　分析の視点　基礎編① ──────────── **37**

6 - 1　売上高や営業利益の変化を検討します　**37**

6 - 2　金額（数字）を相対化すれば優劣や変化の大きさが検討できます　**39**

6 - 3　財務情報を説明する非財務情報が見つかれば仮説が生まれます　**40**

Chapter 7　分析事例　基礎編① ──────────── **43**

7 - 1　製造業の場合（その1）：販売の機会や頻度が売上高に大きく影響します
　　　　43

7 - 2　製造業の場合（その2）：需要の安定した製品ほど営業費用の管理が大切
　　　　です　**47**

Advanced Point　減損損失にみる会計基準の違い　**48**

7 - 3　製造業の場合（その3）：製品の販売動向に応じた営業費用の管理が大切
　　　　です　**50**

7 - 4　小売業の場合（その1）：同質的な競争でも成果はかなり違います　**54**

7 - 5　小売業の場合（その2）：市場拡大局面の業態では多店舗展開が加速
　　　　します　**56**

7 - 6　企業や業界によって売上高営業利益率の水準は異なります　**59**

Advanced Point　購買頻度と売上高営業利益率の関係　**60**

7 - 7　企業の挑戦も外部事情の影響もさまざまなので成果も多様です　**60**

Chapter 8　経営分析メソッド　基礎編② ──────────── **62**

8 - 1　営業費用は売上原価と販売費及び一般管理費で構成されています　**63**

8 - 2　売るモノの費用がどれくらい計上されているのかを検討します　**64**

8 - 3　売る努力にどれくらいの費用が計上されているかを検討します　**64**

8 - 4　減価償却費も営業費用に含まれます　**65**

8 - 5　営業収益の増加と営業費用の減少のどちらも大切です　**66**

III

目　次

Chapter 9　分析の視点　基礎編② ――――――――――――― 67

9-1　非財務情報を精査して仮説を生成します **67**

9-2　内部事情は管理できても外部事情は管理できません **69**

9-3　店舗が増えると営業収益と営業費用のどちらも増加します **69**

9-4　管理しやすいものを特定した営業費用の抑制が有効です **71**

Advanced Point　経験曲線と製造原価低減の見通し **72**

Chapter 10　分析事例　基礎編② ――――――――――――― 74

10-1　製造業の場合（その1）：数値を読み解くとユニークな発見があります **74**

10-2　製品の製造原価の分析も可能です **77**

10-3　製造業の場合（その2）：製造原価の内訳もわかります **80**

10-4　小売業の場合：戦略の違いが浮き彫りになります **82**

Advanced Point　新設直営店展開と減損損失 **85**

10-5　財務情報と非財務情報の関係から仮説を思考するのが大切です **88**

Chapter 11　経営分析メソッド　応用編 ――――――――――― 90

11-1　キャッシュ・フローに注目すると，資金の動きを読み解けます **91**

11-2　企業経営に必要な資金の検討も分析の対象です **94**

11-3　営業キャッシュ・フロー：営業活動から資金をみる視点です **95**

11-4　投資キャッシュ・フロー：投資活動から資金をみる視点です **95**

11-5　フリー・キャッシュ・フロー：企業が使うことのできる資金をみる視点です **96**

11-6　財務キャッシュ・フロー：資金の調達をみる視点です **97**

Chapter 12　分析の視点　応用編 ――――――――――――― 99

12-1　影響を与えて効果をもたらす要因の発見が大切です **100**

12-2　収益や利益の獲得の構造的な説明が大切です **102**

目　次

12- 3　投資から未来の収益が考察できると戦略が読み解けます　**102**

12- 4　企業活動の構造的な理解が経営分析のカギになります　**103**

12- 5　操作可能な要因をどれくらい活かしているかが問われています　**105**

12- 6　操作可能な変数の特定と操作化こそ組織の戦略的な活動です　**106**

12- 7　優れた仮説を発見して妥当性の高い考え方に到達することが 経営分析を通じて考えられるようになります　**108**

Chapter 13　**分析事例　応用編** ——————————————— **109**

13- 1　製造業の場合：組織の意思決定を読み解くと優れた分析になります　**110**

Advanced Point　事業承継を背景としたM&A　**115**

13- 2　小売業の場合（その1）：さまざまな因果関係を想定すると成長の加速が説明できます　**116**

Advanced Point　異業種をM&Aする企業のねらい　**121**

13- 3　小売業の場合（その2）：説明変数が企業の成長要因を読み解くカギになります　**123**

Advanced Point　設備の状況の変化と戦略　**124**

Advanced Point　店舗機能の再構築のための投資　**125**

Advanced Point　チェーンストアのビジネスモデルにおける店舗の機能と戦略　**127**

13- 4　小売業の場合（その3）：戦略の違いは財務情報にあらわれます　**127**

Advanced Point　投資にみる差別化要因の強化　**131**

Advanced Point　ネットスーパーの戦略と投資　**135**

13- 5　多角的な分析視点が妥当性の高い仮説の発見をもたらします　**136**

13- 6　本書で身につく分析力とは　**137**

v

目　次

■第Ⅲ部　発展編

Chapter 14　分析事例の整理①（業種や業態による違い）———— 140

14-1　小売業の場合（その1）：利益率の高い企業の秘訣がわかります　**140**

14-2　小売業の場合（その2）：利益率の差を生むビジネスモデルの違いが大切
　　　です　**142**

14-3　小売業の場合（その3）：優位性の維持が課題です　**143**

14-4　卸売業の場合：何を重視しているのかわかります　**145**

　　　Advanced Point　売上債権抑制の努力とパンデミック　**149**

14-5　多角的な分析によって企業経営の評価が可能になります　**150**

Chapter 15　分析事例の整理②（経営資源への関心）———————— 152

15-1　経営資源がわかれば企業に何ができるかを説明できます　**153**

15-2　企業の未来を説明する手掛かりがみつかります　**154**

15-3　経営資源の変化は異次元の挑戦につながります　**154**

15-4　新たな挑戦は成果に変化をもたらします　**156**

Chapter 16　市場創造に向けて ————————————————— 158

16-1　経営資源を集中させて特徴的な成果獲得をねらいます　**159**

16-2　市場での地位による優劣があるといわれています　**161**

16-3　市場での競争地位によって採用される戦略は異なります　**163**

16-4　企業はいつも挑戦について考えています　**165**

16-5　どんなときも顧客との関係は大切です　**166**

16-6　コンサルティングの視点も身につきます　**167**

おわりに　**168**

第 I 部

基本編

Chapter 1　経営分析に必要な思考①

Chapter 2　分析に必要な財務情報

Chapter 3　企業が公開している情報

Chapter 4　経営分析に必要な思考②

第Ⅰ部　基本編

経営分析に必要な思考①

```
■本章の要点
  ◇ 市場での成果を求める企業活動において大切な，市場創造の犠牲である費用
    を上回る収益が生じることを学びます。
  ◇ 市場創造に向けた努力や挑戦によって成果が生まれることについて，外部事
    情との関係に注目する意義を学びます。

                    これが理解できると…

◆企業が稼ぐために，市場での成果を求める考え方がわかります。
◆企業活動を理解する見方を持てるようになります。
```

　あらゆる企業は，組織外部に向けて何らかの挑戦をしているものです。そのために，組織の内部でさまざま準備し，売ろうとします。この商品やサービスは売れなければ企業にとって収益にはなりませんし，売れるということは，組織外部の人や企業にとって，ほしい商品やサービスがあったのと同義です。最初にこの点に関する考え方を整理しておきます。

1-1　費用から収益や利益がもたらされます

　企業が商品やサービスを提供するために，事前にそれを用意しようとすると費用が発生します。材料費や労務費，経費等を要して販売するための商品やサービスは揃えられますが，販売するまでは費用が発生したにすぎません。商

品やサービスは市場に供給され販売するまで収益にはならないのです（**図表1-1**）。

このとき，商品やサービスを提供するのは，企業にとって通常の営業活動ですから，それが販売されたら売上高あるいは営業収益となります。また，それを獲得するにあたり費やされた材料費や労務費，経費，販売費等の費用は**営業費用**といい，また，営業費用を上回って営業収益が生じることが望ましく，これを**営業利益**といいます。反対に，営業費用が営業収益を上回れば，営業損失となってしまいます。つまり，企業は組織内部の経営資源に加え，材料費や外注費など外部から調達した資源を用いて，しっかりと商品やサービスを提供する必要があるのです。

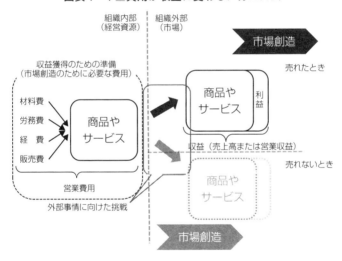

図表1-1 費用が収益に変わるメカニズム

1-2 組織外部（市場）での挑戦が不可欠です

企業が供給している商品やサービスが売れているとき，その商品やサービスは，組織外部の市場で支持されているといえます。支持される何らかの理由があるわけです。こう考えると，市場で支持される理由を踏まえて商品やサービスは供給されるべきですし，ここにマーケティングや戦略の考え方が必要にな

第Ⅰ部　基本編

るといえます。つまり，収益が費用を上回り，利益が計上されているとき，それは企業活動の成果が市場で支持されていることを証明しているといえるのです。企業は経営資源を有効に活用する必要があるほか，費用を抑制して商品やサービスを供給する必要がありますし，一方で市場から支持される商品やサービスの提供が求められます。このとき，ライバル企業との差別化や顧客との関係性など，さまざまな支持要因を考える必要があるわけです。これは，企業は組織外部に向けて挑戦することを宿命としており，さらに外部からの支持抜きに成果に到達しないことを象徴しています。

1-3　営業収益（売上高）は市場創造の成果です

　ここまでの説明から，企業は成果を得ようとするとき，その成果は組織からみて外部との関係において生じることは明らかです。とりわけ企業は収益獲得という成果を求めて（利潤を追求する）活動をしています。すると，外部事情のうち収益を獲得するための手掛かりを明確にする必要があり，それは市場創造とよべるような行為を意味しています。このとき，市場の規模が大きければ多額の収益という大きな成果への到達が期待できますが，すでにニーズが顕在化していれば，ライバル企業の数も多いことでしょう。その場合は，同質的な提案にならないように，提供する商品やサービスの差別化が重要になります。他社の提案と何が違うのか，購買によってどのようなメリットがあるのかなどを伝える必要があります。あるいは，ほかの企業が挑戦していない独自の提案を積極的に実行して，市場を切り拓く必要もあるでしょう。差別化によって自社の地位を明確にすることも，あるいは高い独創性で市場を生み出す場合も，いずれも市場創造したといえそうです。企業の提案を顧客が受け入れ，対価を支払うことで企業は収益を獲得できるのです。このことが明確な事実として認識されれば，市場創造は成功したといえるでしょう。経営者は，このような思考で企業経営しているでしょうし，成果を求めて市場創造することに余念がないはずです。要するに，企業にとっての成果とは，市場創造に向けた努力の賜物なのです。

4

Chapter 2 分析に必要な財務情報

■本章の要点

◇ 経営成績，特に営業活動で生じた収益や費用を知るために，損益計算書に注目します。

◇ キャッシュ・フロー計算書に注目することで，資金や投資の実態を理解すると，成果への到達が説明できるようになり，未来の成果も展望できるようになります。

これが理解できると…

◆企業活動の成果とそこに向けた取組みがわかります。
◆成果や取組みが反映された財務情報がわかります。

　企業経営を分析するために必要な財務情報とはどのようなもので，どのように調べればよいのでしょうか。最初に，何に注目することが大切で，情報をどのように収集していく必要があるのかを学びます。

2-1 営業収益（売上高）は企業活動の成果です

　前章で確認したように，商品やサービスを売って収益を獲得することを例にすれば，商品やサービスが売れなければ企業にとって収益は生じませんし，売れるということは組織外部の人や企業が，商品やサービスを買ったということと同義です。このように，商品の購買やサービスの利用には対価が示されるの

第Ⅰ部　基本編

が一般的であり，対価を得ることで，企業は収益を増やすことができます。ここでいう対価のうち，企業が本業の営みによって得たものを「**売上高**」あるいは「**営業収益**」とよびます（One Point 1）。企業にとっての活動の成果について，まずは「売上高」で確認できます。また，安定した収益を獲得し続けることができれば，事業を継続することができます。

　さて，「売上高」を知るために，私たちは何を見ればよいのでしょうか。企業は何を公開していて，私たちは何を知ることができるでしょうか。本章では，私たちが知ろうとしていることが会計の領域でどう示されているかを学びます。

> **One Point 1**　「売上高」を「営業収益」としている企業もある！
>
> 　国際財務報告基準を採用する企業において，さらに連結の損益計算書の表記においては，「売上高」でなく「営業収益」と記載される場合があります。本書では本業によって得た収益という観点から，両者を区別せずに記述しています。

2-2　財務情報を整理したものが財務諸表です

　営利，非営利を問わず，あらゆる組織はルールに基づいて，受託した資金の使い道やその成果を公開しています。このルールが会計の根本に存在しています。なぜなら，企業活動に従事する人だけでなく関連する人たちに対して幅広く，企業が活動によってどれくらい資金力を持ち（あるいは資金力がなく），儲けることができたのか（あるいは儲けることができなかったのか）を報告することが，会計の目的だからです。会計は公正で明確なものでなければなりません。そこでは，企業活動の実態を示すための方法が明確に決められています。特に，株式を上場している公開企業は，「会計基準」といわれるルールに従って，財務情報を公開しています。その集大成といえるのが，**財務諸表**です。俗に**決算書**とよばれることもあります。以下，財務諸表について学んでいきましょう。

6

2-3 損益計算書，貸借対照表，キャッシュ・フロー計算書を財務諸表といいます

財務諸表とは，企業の財務内容（具体的には経営成績および財政状態のことを指します）を，投資者や債権者等の利害関係者（ステークホルダー）に伝達するために定期的に作成される会計報告書のことです。

また，企業の財務内容のうち，**経営成績**を明らかにするものが，**損益計算書**です。損益計算書は，その年度に属する収益とそれに対応するすべての費用を発生源泉別に表示し，両者の差額として当期純利益（または当期純損失）を記載した計算書です。

このほか，企業の財務内容のうち，**財政状態**を明らかにするものが，**貸借対照表**です。貸借対照表は，一定時点におけるすべての資産・負債および純資産の有高を記載した計算書です。その借方側（左右併記した表の左側）にはその時点における企業資本の運用形態が，また貸方側（左右併記した表の右側）にはその調達源泉が示されることになります。

このほか，**キャッシュ・フロー計算書**も財務諸表の1つです。キャッシュ・フロー計算書は，一会計期間におけるキャッシュ・フローの状況を，それを引き起こした原因事象の観点から表示する計算書で，貸借対照表や損益計算書と並ぶ，基本財務諸表の1つとして位置づけられています。

このキャッシュ・フローは，「**営業活動によるキャッシュ・フロー**」「**投資活動によるキャッシュ・フロー**」「**財務活動によるキャッシュ・フロー**」という3つに区分して表示され，それぞれの領域ごとに合計額が算出されます。営業活動によるキャッシュ・フローは，営業損益計算に関係する取引および投資活動・財務活動に含まれない取引から生じるキャッシュ・フローを示し，資金からみた本業での稼ぎを示しています。投資活動によるキャッシュ・フローは設備投資などから生じるキャッシュ・フローを，財務活動によるキャッシュ・フローは資金の調達・返済から生じるキャッシュ・フローを表示します。キャッシュ・フロー計算書を用いて営業活動，投資活動，財務活動に注目すると，それぞれの活動に必要な資金が確保されているかなどを知ることができます。

第Ⅰ部　基本編

2-4　簿記とは日常の取引をルールに従い記帳することです

　会計に関するスキルを身につけるために，**簿記**の資格を取得しようとする人がいます。では，簿記とは一体何のことでしょうか。

　企業は，商品の仕入や販売，広告宣伝や従業員への給料の支払い，銀行からの借入など，さまざまな経営活動を行います。簿記とは，この経営活動を一定のルールに従って帳簿に記録・計算・整理する技術のことをいいます。

　簿記による日々の帳簿記録により，自社が所有している財産（現金や商品，銀行からの借入金など）が，いくらあるのかを知ることができます。つまり，簿記の主たる目的は，企業の財産管理だといえます。また，帳簿記録をまとめて一定時点の財政状態と一定期間の経営成績を明らかにすることもできるため，企業活動を整理し公開することも，簿記を実践する目的となります。これらはいずれも，貸借対照表や損益計算書にまとめることで，財政状態は良好なのか，利益はどのくらいあるのか，その源泉はどこかなどを示すことができます。

　このように，簿記をもとに作成される貸借対照表と損益計算書により財政状態や経営成績が明らかになるので，それをもとに企業の経営状態がよいのか悪いのかを判断したり，将来の経営に役立てたりすることができます。簿記（特に決算の際の一連の手続）は，企業に大変重要な役割を果たしているのです。

2-5　損益計算書に注目すると企業の経営成績が分析できます

　ここからは，企業の経営成績に着目して議論を進めます。いうまでもなく，企業の経営成績を明らかにする財務諸表は「損益計算書」です。そこで，損益計算書に記載されている内容について，確認していきます。

　損益計算書は，企業が決めた会計期間（通常は1年）中に生じた収益と費用を一覧にしたものです。これを見れば，企業が主とする営業活動（本業）でどれくらいの収益を獲得したのかがわかりますし，その獲得のために犠牲となった金額は「費用・損失」となるため，その対比で利益が計算できることになり

Chapter 2　分析に必要な財務情報

ます。ここでいう費用とは，収益獲得のために必要でありながら市場創造の犠牲となるものであり，企業活動を営むうえで，どれくらい準備のために資金を投じたのかがわかります。とりわけ本書では，企業が何を目的にどのような挑戦をしていて，その結果どのような成果に到達しているのかを中心に考えていきますので，まずは損益計算書の内容を理解することからはじめていきます。

2－6　営業収益と営業費用に注目すれば営業活動がわかります

　最初に注目するのは「**売上高**」あるいは「**営業収益**」です。これは，損益計算書の冒頭に記載されており，企業が本業によって得た収益のことです。簿記の学習においては「売上」という収益の勘定科目が，これに該当します。

　仮に「売上高」あるいは「営業収益」の多くが商品の販売で得たものである場合，販売を予定した商品のうち売れたものとそうでないものの区別が必要です。たとえば，①商品を生産する企業（製造業）の場合，製品を生産したものの一部が売れたことになりますし，②流通を担う企業（卸売業や小売業）の場合，外部から仕入れた商品の一部が売れたことになります。このように，商品（仕入れたものあるいは自社で製造したもの）のうち，「売上高」あるいは「営業収益」に対応する仕入原価あるいは製造原価のことを，「**売上原価**」といいます。「売上原価」には，製品の生産に必要な原材料，加工で生じた費用のほか，商品の仕入や生産に従事した社員の給料などが含まれます。また，小売業や卸売業であれば，商品の仕入高などが含まれます。

　ここで，「売上高」（収益）と「売上原価」（費用）を比較してみると，「売上高」が「売上原価」を上回っていなければ，儲かっていないことは明らかです。①にせよ②にせよ，商品を販売するために要した準備はほかにも考えられますが，少なくとも売上高は，売ろうとしている商品自体を準備した金額を上回っておきたいところです。これを確認するために，「売上高」－「売上原価」を計算します。この計算により求められた値は，「**売上総利益**」とよびます。この売上総利益が多ければ多いほど，企業はたくさんの利益を生んだことになりますし，売上総利益が増加したという場合，売上原価の減少による効果か，あ

9

第Ⅰ部　基本編

るいは売上高の増加（値上げか，数量増加か）による効果が得られたと考えることができます。なお，実務において「粗利益」という言葉が用いられることがありますが，この「粗利益」とは，おおよそ「売上総利益」を指します。

　さらに，「売上総利益」÷「売上高」×100を計算すると，**売上高総利益率**（％）が求められます。売上高に占める売上高総利益を割合にすることで，売上総利益を相対化して考えることができます。過去と現在で売上高総利益率を比較し，仮にその比率が高くなっていったとすれば，その理由は，①なら商品を安く生産することができた，②なら商品を安く調達することができたと考えることができますし，あるいは①②ともに商品を高く売ることができたという理由も考えられます。

　ところで，本業で収益を得るために行った企業の努力はほかにもあります。たとえば，商品を販売するために広告した，あるいは販売員を確保して対応したという場合，広告に費やした金額や，販売員に支払った給料も費用の一部です。また，商品を売るために店舗や事務所を開設していて，その運営に費やしたものも，本業で収益を得るための費用です。これらは，**販売費及び一般管理費**といい，簿記の学習においては費用の勘定科目として扱います。

　こうして，本業で収益を得ようとして活動した費用は，「売上原価」と「販売費及び一般管理費」にまとめることができ，これらを差し引いて利益が出ているかどうかを確認することが大切です。

　そこで「売上高」から「売上原価」と「販売費及び一般管理費」を差し引いた金額を**営業利益**といい，本業で得た利益を意味します。この「営業利益」がプラスなら儲けが生じていることを意味し，マイナスなら儲けが生じていない，つまり「営業損失」が生じていることを意味しています。

　また，「営業利益」÷「売上高」×100を計算すると，**売上高営業利益率**（％）を求めることができます。売上高に占める営業利益を割合にすることで，営業利益を相対化して考えることができます。営業活動を安定的に維持し機能させるうえで，この数値の推移をみることは有効であり，本業で適切に利益を生んでいるかを考えるためには，大切な視点となります。

　損益計算書には，本業以外で生じた収益や費用（「営業外収益」や「営業外費

用」），さらに，会計期間中に生じた特殊な収益や損失（「特別利益」や「特別損失」）の記載があり，さらに法人税等の納税もあるため，これらを踏まえて総合的に利益が出ていれば「当期純利益」，損失であれば「当期純損失」となります。

2-7 分析視点を特定すれば成果が検討できます

本章では，冒頭で企業にとっての活動の成果を，まずは「売上高」で確認できると解説しました。これは，企業が営業活動において，顧客との関係において対価の獲得が実現したことを意味しているからです。ただし，顧客との関係において生まれる成果には，周到な準備があってのこととも考えられます。すると，どのような準備が成果とつながっているのかにも関心を向ける必要があります。何より，稼ぎ（収益）の中からどれくらいの儲け（利益）が生まれているかが大切になり，儲けが生まれていなければ，企業は継続して活動できない事態に追い込まれます。

こう考えたとき，「売上高」あるいは「営業収益」と関連するすべてを成果と見ることもできますし，周到な準備にこそ，成果の秘訣があるかもしれません。儲け（利益）が成果を判断するカギになるのも事実です。つまり，私たちは，営業活動におけるさまざまな成果を発見しながら，成果が生まれる仕掛けとつながりに気づくことが大切であり，財務情報に示される内容と結びつけながら，どのように説明できるかを考える必要があるわけです。

第Ⅰ部　基本編

Chapter 3 企業が公開している情報

■本章の要点
- 有価証券報告書には，財務情報だけでなく非財務情報が豊富に記載されています。
- 連結の対象やセグメント情報が理解できると，営業活動の何が優れているかを見つけることができます。

これが理解できると…

◆企業が何をしていてどのような成果があるのかがわかります。
◆稼ぐ力を説明するための財務情報が探せるようになります。

　前章の内容がわかれば，企業が本業としての営業活動でどれくらいの成果を上げているかについて，損益計算書の分析が可能になります。ただし，企業が損益計算書を作成するうえで，さまざまな注意事項があります。また，上場企業の場合は財務諸表を公開していますから，その資料が読めなければ内容を理解することができません。そこで本章では，企業が公開している情報をどのように活用すればよいのかについて学びます。

3-1　上場企業は財務情報の公開を義務づけられています

　株式会社の場合，企業経営は「所有と経営の分離」が一般的です。ここでいう「所有」とは法律上の所有者であり，実質的には企業に出資をしている人を

Chapter 3　企業が公開している情報

指します。企業が発行する株式を所有している人は出資者であり，多くの株式を所有する人ほど企業自体を所有している比率が高いことにほかなりませんが，そうした人が必ずしも経営に関与しているとは限らないという現実があります。すると，企業経営の実態は，少なくとも所有者に報告する必要がありますし，株式を保有する人が複数存在する場合は，そのすべてに対して等しく情報が提供される必要があります。

　こうした背景から，とりわけ株式会社においては，あらゆる企業が経営の実態を公開する義務があると考えることができます。特に金融商品取引所に上場している株式会社（One Point 2）は，金融商品取引法第24条によって，有価証券報告書を作成し，事業年度終了後３カ月以内に内閣総理大臣へ書類を提出することが義務となっているのです。

> **One Point 2**　**有価証券報告書の提出義務がある企業は？**
>
> 　有価証券報告書の提出義務がある企業は，金融商品取引所に上場している企業のほかにも，店頭登録されている有価証券の発行者，募集または売り出しにあたり有価証券届出書または発行登録追補書類を提出した有価証券の発行者，所有者数が1,000人以上の株券（株券を受託有価証券とする有価証券信託受益証券および，株券にかかる権利を表示している預託証券を含む）または，優先出資証券（ただし，資本金５億円未満の会社を除く），および所有者数が500人以上のみなし有価証券（ただし，総出資金額が１億円未満のものを除く）の発行者，などがあります。

3-2　金融商品取引所の上場企業は有報を作成しています

　さて，この有価証券報告書（以下「有報」）には，何が記載されているのでしょうか。有報の内容についても決まりがあり，**図表3-1**のようになっています。

13

第Ⅰ部　基本編

図表 3 - 1 ■有価証券報告書に記載すべき事柄

1．企業概況：経営指標，事業の内容，従業員の状況など
2．事業の状況：経営方針，経営環境，サステナビリティに関する考え方及び取組，事業
　　　　　　　等のリスク，財務状況，キャッシュ・フロー分析など
3．設備の状況：設備投資の概要，状況，新設など
4．提出会社の状況：株式等の状況，配当政策，役員の状況など
5．コーポレート・ガバナンスの状況等：コーポレート・ガバナンスの状況，監査報酬の
　　　　　　　　　　　　　　　　　　内容など
6．経理の状況：連結財務諸表，比較情報，会計方針など

　図表 3 - 1 から，有報に財務諸表の記載があること（6. 経理の状況）や事業の状況がどのように推移したのかに関する記述があること（2.事業の状況）がわかります。

　ちなみに，企業が作成した有報は，私たちは手軽に入手できます。各企業が開設しているウェブページに投資家情報（Investor Relations）がまとめられているケースが多く，企業は株主や投資家に対し，財務状況など投資の判断に必要な情報を提供していく活動を推進しています。ほかにも，金融庁のウェブページであるEDINET（エディネット）で開示されています（https://disclosure2.edinet-fsa.go.jp/）。

Advanced Point　有報での新たな開示内容

　近年，有報による新たな開示内容が含まれるようになりました。まず，「気候変動リスク情報」です。東証プライム上場会社は，TCFD（気候関連財務情報開示タクスフォース）の最終報告書が推奨する開示が求められています。具体的には，「事業の概況」において，ガバナンス・リスク管理・戦略・財務への影響とその対応策・指標と目標などを記述することになります。

　次に，「人的資本情報」です。これは，「多様性に関する指標（女性管理職比率，男性の育児休業取得率，男女間賃金格差）」と人的資本に関する戦略・指標や目標を記述することになります。

　これらの具体的な内容は各社の有報に開示されていますので，それを参照いただくとして，ここでは重要なもう 1 つの非財務情報を紹介します。それは「生物多様性」情報です。2021年 6 月のG7サミットにおいて，2030年までに国土（陸と海）の30％以上を健全な生態系として効果的に保全しようと決議されました。環境省でもこれを受け，この30by30（サーティ・バイ・サーティ）に取り組んでいます。

14

Chapter 3　企業が公開している情報

　人類が生存し活動するためには，豊かな自然環境，生物多様性が欠かせません。人間社会は「自然資本」からさまざまなもの（たとえば土地や資源）を利用して（いわば，借りて）成り立っています。自然資本を過度に利用したり乱獲しては，持続可能性は失われてしまいます。先に人的資本の「多様性」を紹介しましたが，「多様性」は人的資本に限ったものではなく，自然資本こそが重要なのです。このため，次に必要とされる非財務情報は「生物多様性」情報だといわれています。

Advanced Point　非財務情報も豊富な有価証券報告書

　本書は，有報から得られる財務情報の分析から，その背後の意思決定や行動に潜む課題や問題を推論し，解決案を提示できるスキルを磨くことを目的としています。これは，現代のAIやDX，FinTECHの発展により，仕訳 → 総勘定元帳への転記 → 財務諸表作成という一連の簿記の手続を理解しているだけでは，これからの会計関係職業人は役に立たなくなるという危惧を持っているからです。従来は，会計上の取引を会計のルールに従って「仕訳する」という行為が決定的に重要でした。しかも，与えられた問題を素早く正確に解答する力量が求められていたのでした。このような簿記や会計の技術の重要性はこれからも減ずることはありません。FinTECHによって，金融関係データから仕訳が自動生成され，DXによって，今まで以上にデータ相互関連連携がスムーズになっても，そのロジックの正否を判断するためには簿記会計の知識が不可欠だからです。しかし，単純な仕訳入力等の業務は確実に減少していきますので，「財務情報を読み解く力」こそ，今後ますます重要になると考えられます。

　本書では，財務情報を読み解くために，マーケティングや経営戦略等の知見も紹介しています。企業を丸ごと読み解くためには，財務情報だけでなく，これらの知見が不可欠であり，極めて学際的な業務といえます。また，26ページのAdvanced Pointで紹介する非財務情報は確実に見えるものではなく，見えにくいものです。非財務情報の開示は，これらを「見える化」しているものといえます。読者は，本書で培った知識を拡げ，大いに翔くことを期待しています。

3-3　上場企業はさまざまな情報を公開しています

　有報に近い報告書類に，**決算短信**があります。これは，企業の決算発表の内容をまとめた書類のことで，金融商品取引所に上場している企業が，取引所の

15

第Ⅰ部　基本編

適時開示ルールに基づいて決算発表時に作成するものです。上場している企業は，ここでも共通の形式による書類を作成しており，財務諸表の記載もあります。決算短信は，決算の直後に作成した速報としての意味合いが強いものです。

　このほか，多くの企業は決算説明会を開催しており，そこで用いた**決算説明会資料**も自社のウェブページに掲載している場合があります。有報に記載されている内容がコンパクトにまとめられていたり，決算時に注目すべきトピックがわかりやすい場合もあるので，有報とあわせてみていくと，企業の実態をより詳細に理解することができます。

　ほかにも，企業は株主を中心とした利害関係者（ステークホルダー）に対し，積極的に情報を公開しています。企業のウェブページでよく見かけるのは，**株主通信**や**事業報告書**（アニュアルレポート）などです。そこには，経営計画に基づく実践を解説した記述がみられる場合もあり，企業が何を目指して具体的にどのような実践を展開しているのか，さらにそれがどのような成果や課題をもたらしているのかを知ることができます。

3-4　有報からグループ会社全体のことがわかります

　有報を見てみると，2種類の財務諸表が存在する場合があります。この2種類とは，**連結**と**単体**の2つを指します。連結財務諸表とは，親会社ないし持株会社だけでなく，国内や海外の子会社，関連会社を含めたグループ全体で財務諸表を作成したものを指します。

　今日，有報を作成している企業は連結（グループ会社全体）をベースとした情報の公開が中心だといえます。財務諸表には連結と単体の2種類がありますが，財政状態や経営成績，それにキャッシュ・フローの状況分析の記述は，連結財務諸表の説明が前提です。したがって，有報を通じて企業活動の実際を理解する場合，連結での成果や課題を考察するほうがスムーズです。

　ではなぜ，有報は連結の情報を主としているのでしょうか。企業グループでは，内部でさまざまな取引をしています。たとえば，親会社のA社がグループ企業で子会社のB社に貸付を行っている場合，A社には貸付金（資産）が生じ，

Chapter 3　企業が公開している情報

B社には借入金（負債）が生じることになります。しかし，このやりとりは，グループ内部での取引にすぎません。特に商品売買取引では，単体の場合，親会社の業績をよく見せようと子会社に押込み販売を行って利益を計上することもできます。しかし，連結の場合，同一グループ内取引では相殺されるため，このような問題は生じません。グループ全体として正しい財務情報である連結の財務諸表を作成して開示する手続がとられています。

3-5　セグメント（事業）ごとの財務情報もみつかります

　連結の財務諸表は，グループ会社を多数有する企業ほど，多くの事実が盛り込まれることになります。そうした企業ほど，本業としての営業活動において複数の事業を有しており，多角化が推進されています。こうした企業にとって，複数の事業はそれぞれ大切です。なぜなら，複数の事業を同時に運営することで，上手に相乗効果を生み出そうとしているからです。複数の事業に活かすことのできる共通の経営資源（ヒト，モノ，カネ，情報）を駆使するのも**多角化経営**の強みですし，変化の激しい社会ですから，採算の悪い事業があっても，業績のよい事業に救われることがあります。つまり，複数の事業を同時に運営することは，企業グループ全体で安定的に成長するための決め手となるという認識は，今や多くの経営者の常識になっています。

　こうしたさまざまな事業の財務情報について，有報では**セグメント情報**として開示されています。セグメント情報とは，事業，商品（群），顧客（層），（販売）チャネル，地域などの切り口（これら集計単位とした内容をセグメントとよびます）ごとに集計した損益情報のことです。有報を提出する企業は，経営管理のために作成している情報をもとに（マネジメント・アプローチ），セグメントごとの売上高・利益・資産・負債等を開示することとされていますので，多角化した事業の損益は，開示義務に沿って対応されています。したがって，私たちは，連結の損益計算書に示された収益や費用の内訳について，セグメント情報に基づいて理解を深めることができるのです。

17

第 I 部　基本編

3-6　製造原価も検討できます

　製造業であれば，製品を生産するのにどれくらいの原材料費などが費やされているのかも把握しているはずです。工業簿記や原価計算を学習した経験のある人なら，個別原価計算や総合原価計算など，いくつかの原価計算制度があることをご存じでしょう。こうした情報も，有報で目にすることができる場合があります。有報を作成する企業が製造業で，かつ単一セグメントの場合は，製造原価明細書の記載がみられます。そこには，会計期間中に費やした製造原価の明細（主に原材料費，労務費，経費）が記載されています。また，採用されている原価計算制度も付記されています。

　一般に，製品の仕様を個別に決定し，受注生産体制をとる企業であれば，個別原価計算制度を採用し，大量生産を前提とした体制を持つ企業なら総合原価計算制度が採用されています。

3-7　理解のプロセスが大切です

　前章と本章で，企業経営を分析するために必要な財務情報とはどのようなもので，どのように調べればよいのかを学ぶことができました。一般に，有報はページ数が膨大で，そのすべてを読み込もうとすると骨が折れます。しかし，何に注目すればよいか，そして情報をどのように収集すればよいかがわかれば，臆することがなくなります。そして，次のステップとして，注目する項目をどう考えればよいのかを理解する必要があります。

　次章からは，企業経営の考え方，市場の反応など，どのような見方ができるのかについて，考える視点を整理していきます。

18

Chapter 4 経営分析に必要な思考②

■本章の要点
- ◇ 何と何が結びついてどのように作用したのかを説明するために,論理的構造を学びます。
- ◇ あらゆる気づきが生む発見は仮説であり,優れた発見とその因果が増えれば,さまざまな事柄を論理的に説明できるようになります。

これが理解できると…

◆論理の構造がわかります。
◆論理的な思考が身につきます。

　ここまでの内容から,有報には財務情報だけでなく非財務情報の記載もあることが理解できました。さて,財務情報と非財務情報をどのように結びつけて考えることができるでしょうか。さまざまな情報にはどのような関連があり,そこから何が読み取れるでしょうか。さらに,第1章では,企業にとっての成果は組織の外部との関係によって生じることを確認しました。企業活動のために投入した費用が収益になることは市場創造と結びつけて説明できなければなりません。ここでも,売上高や利益が増える要因の解明が求められています。そこで本章では,財務情報と非財務情報を結びつけて説明するために必要な思考を確認していきます。

第Ⅰ部　基本編

4－1　結論や主張を前提や根拠と結びつければ論理的に説明できます

　一般に，論理とは考えや議論を進めていくためのプロセスという意味があります。考えや議論を論理的に進めていくためには，**①前提や根拠**に基づいて何らかの**②結論や主張**が成立していることが大切です。このとき，①は②と結びついて意味を持つのであり，②は①によって妥当性を持ちます。このとき，①によって②を導く思考のプロセスが論理であり，**図表4－1**の状態が確認できれば，論理構造が成立しているといえます。

図表4－1■結論や主張と前提や根拠との関係

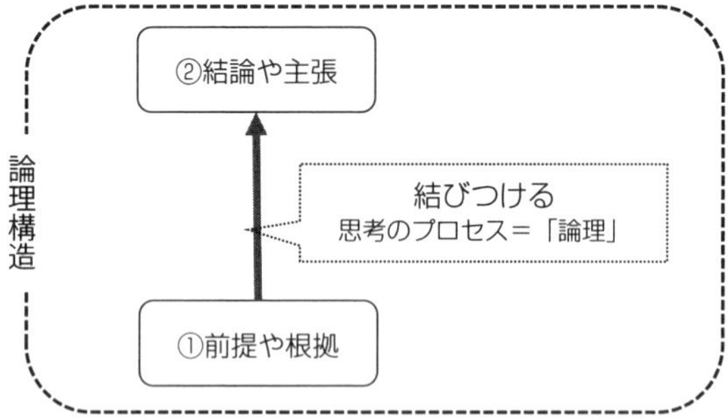

論理構造

②結論や主張

結びつける
思考のプロセス＝「論理」

①前提や根拠

　たとえば「氷菓が売れた」ことを主張しようとするとき，「気温が23度を超えた」という前提と結びつくことで，「気温が23度を超えたので，氷菓が売れた」とする論理構造が生まれます。

　この例からわかるように，①②の2つの要素がなければ，論理構造は成立しません。また，①や②は現象や条件を示すものである必要があります。さらに，「氷菓が売れた」は「気温が23度を超えた」によって導出された結論であり，この思考は「氷菓が売れた」ことの推論であるといい換えることもできます。推論とは，何らかの根拠から結論を導き出すことであり，まさに論理展開が行われていることを指す言葉です。

20

4-2　論理構造は主張の妥当性を高めます

　さて,「気温が23度を超えた」から「氷菓が売れた」という推論は妥当でしょうか。仮に,「海水浴場の人出が増えている」ことが生じていたら,それも論理構造として説明できる可能性があるかもしれません。そもそも,「氷菓が話題になる」といった現象が「氷菓が売れる」要因かもしれません。いずれも妥当性の高い推論です。

　これを図にしたものが,**図表 4-2** です。こうしてみると,「氷菓が売れる」につながる要因がいくつも発見できます。むしろ,いくつもの要因があったほうが確実に「氷菓は売れる」のであり,反対に影響を持つ要因が少なかったり弱かったりすると,最初から「氷菓が売れる」ことはないといえそうです。つまり,1つひとつの推論は単純というものの,影響する要因は大きく,あるいは強いほうが効果は大きいといえます。

図表 4-2　いくつもの推論の例

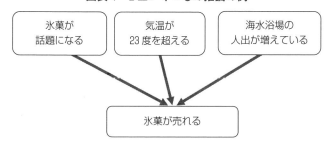

4-3　相関関係と因果関係の違いはとても大切です

　ところで,氷菓の購買行動についての実態調査があり,氷菓が話題になることと氷菓の売れ行きが密接に関係していることが明らかだとすれば,「氷菓が話題になったら,氷菓が売れる」ともいえますし,「氷菓が売れたのは,氷菓が話題になったから」とも説明できます。このとき,「氷菓が話題になる」と「氷菓が売れる」はともに前提や根拠になると同時に,主張や結論にもなり得

第Ⅰ部　基本編

ます。

　しかしながら，「気温が23度を超える」と「氷菓が売れる」はどうでしょうか。気温が上昇して暑くなり，「氷菓が売れる」ことは容易に想像できますが，「氷菓が売れる」から「気温が23度を超える」と説明できるとは考えられません。さすがに，こうした論理的推論が成立するのは，めったになさそうです（**図表4-3**）。

図表4-3 ■相関関係と因果関係の違い

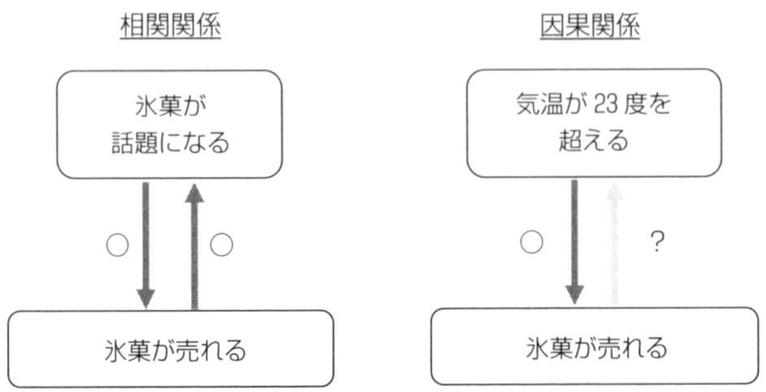

相関関係　　　　　　　　　　　　　因果関係

氷菓が
話題になる

○　　○

氷菓が売れる

気温が23度を
超える

○　　　？

氷菓が売れる

　つまり，推論によって結びつく前提や根拠と主張や結論が，入れ替わっても成立するような場合に，両者は相関関係にあるといえますが，入れ替わらない推論については，因果関係の説明にとどまります。さらに，因果関係の特徴に目を向けると，①相関性，②時間的先行性，③疑似相関の欠如，という3つの特徴として整理できそうです。

　まず，**図表4-3**にある相関関係には，2通りの因果関係を発見できます。「氷菓が話題になる」と「氷菓が売れる」は連動しているのです。このように連動性が発見できれば，相関関係が成立していますので，そこに因果関係を確認することができます。これが①相関性です。

　また，「気温が23度を超える」ときに「氷菓が売れる」という因果関係は，「気温が23度を超える」が「氷菓が売れる」の先行要因となります。ここでは，前提や根拠が時間的に先行していることが，因果関係を説明するうえで大切になります。これが，②時間的先行性です。

　このほか，氷菓が売れるのは，気温が23度を超えるという視点以外に有力な原因が存在しない可能性があります。このときに，因果関係があると特定でき

22

Chapter 4　経営分析に必要な思考②

るのであり，疑わしい相関が見当たらないことも，因果関係を確認する理由になります。これが，③疑似相関の欠如です。

4 - 4　相関関係の発見は操作化への挑戦の始まりです

　ここまでの内容から，因果関係と相関関係の違いが理解できるはずです。主張や結論に必要な前提や根拠を発見し，因果関係の成立が確認できれば，さまざまな事柄が生じる要因，構造を説明できます。さらに，相関関係にあるものが発見できれば，両者は連動していて密接な関係にあることが理解できます。

　とりわけ企業活動を明らかにする場合，相関関係にあるものへ注目することは大切です。なぜなら，そこに操作可能な要素が発見できる可能性があるからです。本章で用いている「氷菓が話題になる」と「氷菓が売れる」にたとえてみます。両者が相関関係にあるとしたとき，氷菓を売りたいのは企業ですから，そのために「氷菓が話題になる」仕掛けを準備すればよいということになります。つまり，前提や根拠を操作化することで，主張や結論は予想することができるのです。偶然でなく意図した結果をもたらすことが可能になります。

　このように，相関関係が発見できれば，積極的に前提や根拠を操作化することに関心が向けられるようになり，企業活動の改善が提案できる可能性があります。因果関係の解明も大切ですし，相関関係が見つかれば，操作化がどれくらい，あるいはどのように意識できるかを考えながら検討していくことも，優れた分析を可能にするために必要不可欠な視点です。

4 - 5　財務情報と非財務情報から仮説（関係やつながり）を見つけましょう

　ここまで，企業活動の成果を説明するために必要な論理的な思考について考えてきました。論理構造の基本が理解できれば，論理的に説明できることを増やしていくことで，企業活動の成果の具体的な説明も可能になります。

23

第Ⅰ部 基本編

　たとえば，売上高が増えたのは，何らかの前提や根拠があるはずです。つまり，前提や根拠が発見できれば，売上高の増加が説明できるのです。ただし，発見した前提や根拠は，因果関係が成立しているでしょうか。あるいは，相関関係にあるものでしょうか。さらには，前提や根拠を説明するために，演繹的な思考が必要でしょうか。あるいは，帰納的な思考で多数の前提や根拠を列挙したほうが説得的でしょうか。妥当性の高い説明を実現しようとすれば，こうしたさまざまな視点を想定して検討する必要があります。

　本章では，論理構造について基礎的な内容を確認しました。次章以降では，実際の企業活動に注目するための視点を確認します。次章以降で本章の内容を活かすために，目的変数と説明変数という言葉に置き換えて理解を深めます。

　たとえば「売上高が増加したのは，販売活動を従来の規模の2倍（たとえば営業所の数を2倍にするなど）にしたからである」といった発見があった場合，まずは「売上高が増加した」ことを主張や結論として位置づけ，「販売活動を従来の規模の2倍にした」ことを前提や根拠として成立するかどうかを確認します。このとき，売上高と販売費に目を向け，ともに増加していることが把握できれば，ようやく「売上高が増加したのは，販売活動を従来の規模の2倍にしたからである」という因果関係の説明が可能になります。

　いうまでもなく，分析を進めるにあたり，売上高，販売費といった財務情報に注目する必要があります。そこで，本書ではここから，主張や結論を目的変数（従属変数）とし，前提や根拠を説明変数（独立変数）とよぶことにします。こうすることで，構造化した思考によって，企業活動の分析ができるようになります（**図表4-4**）。とりわけ，目的変数は財務情報（量的な情報）であったとしても，説明変数は非財務情報（質的な情報）である場合があり，丹念に論理構造をみていく必要があります。

　具体的には「売上高が増えた」ことを説明しようとすれば，その前提や根拠を探す必要があり，「氷菓が売れた」ことが判明するかもしれません。この場合，「売上高が増えた」という財務情報は，「氷菓が売れた」という非財務情報とつながることで妥当性の高い説明が可能になります。

　実際の分析では，目的変数の特定と，目的変数とつながる説明変数を求めて，広範な調査が大切になります。なぜなら「売上高が増えた」と「氷菓が売れ

Chapter 4 経営分析に必要な思考②

図表4-4 ■構造化した思考に基づく検討

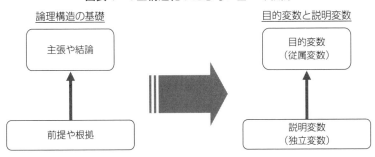

た」の因果関係が説明できたなら，続いて「氷菓が売れた」を目的変数として，この事実とつながる説明変数を見つけることが大切になるからです。こうした重層的な因果関係の構造が見つかれば，演繹的な推論によって結びつく可能性があります。あるいは，目的変数につながる説明変数がいくつも発見できれば，帰納的な推論によって目的変数が持ついくつもの意味に気づくことができます。こうして，目的変数（たとえば「売上高が増えた」こと）の要因を，さまざま発見することができます。説明変数の発見が広がるほど，説得力のある企業活動の分析ができるのです。

4-6 仮説の発見が大切です

本章では，思考力について学びました。企業が市場創造の努力によって売上高を増加させたという場合，その成果は財務情報として可視化される一方で，その理由は明確でありません。まずは「売上高」に注目することができますが，その理由はどのように特定できるでしょうか。先例のように「氷菓が売れた」のは「気温が上がったから」でしょうか，それとも「ライバル企業の商品より差別化が優れていた」からでしょうか。これらについて，何らかの根拠を求めて検討しなければ，経営分析になりません。

このとき，妥当性の高い根拠を発見して手堅い主張にしていく努力を怠らないことが大切ですが，この努力によりいつも妥当性の高い根拠が見つかるとは限らないことに注意が必要です。おそらく，ここでいう根拠という説明変数は

第Ⅰ部　基本編

いくつか発見できるでしょうが，そのどれかが絶対に正しいという確定的な議論に到達することは難しいはずです。すると，有力な説明変数を類推するのが精いっぱいで，それ以上に確定的な議論はできないことになります。

　この，有力な説明変数の発見こそが仮説であり，私たちが大切にしなければならないのは，仮説を発見することです。本章での学びを通じて分析を進めていくと，さまざまな仮説の発見が可能になるでしょう。ぜひ次章以降の学びに活かしていきましょう。

Advanced Point　**財務情報と非財務情報**

　従来，我が国の企業内容等開示制度は財務情報を中心になされてきたところですが，近年は投資や融資の判断のためには，財務情報だけでなく，企業の持続可能性を示すESG（環境・社会・ガバナンス）に関する情報が必要であるとの認識から，これら非財務情報の開示が求められるようになりました。特に2023年からは，気候変動リスクに関する情報と人的資本情報の開示が義務化されたところです。

Advanced Point　**財務情報と非財務情報の関係**

　財務情報は結果指標といわれ，特にその中心となる貸借対照表や損益計算書は一定時点の財政状態や一定期間の経営成績を開示するものとして有用です。しかし，それは結果にすぎません。これに対して，非財務情報は原因指標・あるいは先行指標というべきもので，これらに対する取組みにより将来が決定してしまうことになりかねません。企業は社会とのかかわりあいの中から，社会課題解決のための意思決定と行動を通じて未来を創り出していくものですので，気候変動や人的資本への取組みの水準が当該企業の未来を限定してしまうことにもつながりかねないのです。

　SDGsが提唱されている昨今では，環境に配慮しない企業活動，差別や児童労働など人間の尊厳を損なう状態は，すぐさまニュースになって全世界を駆けめぐり，当該企業に対する不買運動につながれば，当然業績が落ちるばかりか，場合によっては倒産の危機を引き起こすかもしれません。

　特に，未来を担う子供たちは，学校等でSDGsを当たり前のように学習しているため，彼らが社会参加する2030年代は今以上に，環境や人権に対する配慮が求められ，それに対処できなかった企業は業績が落ち込むだけでなく，就職希望者も激減することにもつながりかねないのです。

第 **II** 部

実践編

Chapter 5　経営分析メソッド　基礎編①

Chapter 6　分析の視点　基礎編①

Chapter 7　分析事例　基礎編①

Chapter 8　経営分析メソッド　基礎編②

Chapter 9　分析の視点　基礎編②

Chapter 10　分析事例　基礎編②

Chapter 11　経営分析メソッド　応用編

Chapter 12　分析の視点　応用編

Chapter 13　分析事例　応用編

第Ⅱ部　実践編

Chapter 5　経営分析メソッド　基礎編①

■本章の要点

- 売上高の変化の理由から，外部事情への挑戦の成否が検討できるようになります。
- 営業利益の変化に加え費用の変動要因を検討することで，利益獲得の成否が考察できます。

これが理解できると…

◆売上高や営業利益の変化の要因がわかります。
◆分析に必要なデータが収集できるようになります。

5-1　仮説の妥当性をさまざま考えます

　本章からは，いよいよ経営分析をはじめていきます。最初に「売上高」や「営業利益」などの財務情報を収集していきます。続いてこれら数値の根拠をめぐる非財務情報を発見しながら，妥当性の高い考え方を見つけていきます。
　なお，本書では本章からの内容を「経営分析」として記述しますが，その内容は，一般的な経営分析の内容のすべてを網羅するものではありません。あくまで，損益計算書の，それも企業にとって本業とする活動に限定した分析にとどまっています。しかし，損益計算書は企業の経営成績を示していることから，マーケティング活動や経営戦略の有効性を議論するのに適しています。組織の意思決定の実際に着目することが可能であり，その成否をどのように考察でき

Chapter 5　経営分析メソッド　基礎編①

るかに言及できます。

つまり，注目する財務情報は限定的であっても，因果関係や相関関係が及ぶ範囲までを議論の対象にすることで，豊かな発見が得られる期待を持つことができます。何より，財務情報に的を絞った記述は，目的変数を限定しつつ，説明変数の多様性に関心を向けることができます。読者の皆さんには，より広範な説明変数への探究を期待しますし，そうした思考力をつけてほしいというのが本書のねらいです。優れた思考が生まれたら，その思考は経営分析に長けた実力そのものです。以上の理由から，本書では誇大表現ではないかとの批判をあえて顧みず，経営分析の語を用いて，その方法に言及していきます。

5-2　売上高が増減する理由や背景に迫ります

企業は，本業である営業活動において収益を獲得しようとします。また，獲得した収益は「売上高」として損益計算書の冒頭に記載されています（**図表5-1**）。連結ベースの財務諸表は，「第5　経理の状況」に記載されていて，「1　連結財務諸表等」に「①連結貸借対照表」「②連結損益計算書」「③連結キャッシュ・フロー計算書」が示されています。

なお，連結ベースの売上高だけを抽出する作業なら，「第1　企業の概況」「1　主要な経営指標等の推移」をみるのがスムーズです。こちらは，主要なものだけがコンパクトに示されている一方で，過年度との比較ができるように記載されていますから，複数年に及ぶ数値の推移を知るうえでは便利です（**図表5-2**）。

ところで，本業で獲得した収益とはどのようなものでしょうか。商品を生産する企業なら，商品の売上こそが「売上高」となります。しかし，商品を生産する企業でも，仮に店舗を持ち，その店舗からテナント収入が生じていたら，これも収益に加える必要があります。さて，企業はどこまでを本業としていて，どこまでを「売上高」に含めて表示しているでしょうか。実際に，**図表5-1**には，「売上高」とは別に「営業収入」が記載されていて，それを加えたものを「営業総利益」としています。「営業収入」を加えるので，「売上総利益」と

29

第Ⅱ部　実践編

図表5‑1 ■連結損益計算書の記載例

②【連結損益計算書及び連結包括利益計算書】

【連結損益計算書】

（単位：百万円）

	前連結会計年度 （自 2021年4月1日 至 2022年3月31日）	当連結会計年度 （自 2022年4月1日 至 2023年3月31日）
売上高	※1　514,029	※1　541,824
売上原価	384,259	405,790
売上総利益	129,769	136,034
営業収入	※1　21,996	※1　22,662
営業総利益	151,766	158,696
販売費及び一般管理費		
配送費	9,577	9,937
広告宣伝費	2,669	2,761
ポイント引当金繰入額	-	78
給料及び手当	53,089	54,895
賞与引当金繰入額	2,987	3,180
退職給付費用	1,148	1,573
役員退職慰労引当金繰入額	3	2
執行役員退職慰労引当金繰入額	2	1
株式給付引当金繰入額	565	387
役員株式給付引当金繰入額	37	29
法定福利及び厚生費	8,303	8,458
水道光熱費	5,282	7,553
地代家賃	14,166	14,728
減価償却費	10,303	10,863
のれん償却額	1,015	-
その他	18,530	18,008
販売費及び一般管理費合計	127,684	132,461
営業利益	24,081	26,235

出所：2022年 有価証券報告書（ヤオコー）

は異なる金額が計上されています。おそらくこうした企業には，本業として規定していることと，本業ではないが営業収益に加えるべきことを区別していることを表明する意味があるはずです。また，その意味は注記事項に記載されています。したがって，実際の分析にあたっては，注記事項の記載内容を考慮したうえで，分析者自身が「営業収入」を「売上高」に加えて分析してもよいし，「営業収入」を外して「売上高」をみてもよいことになります。

Chapter 5　経営分析メソッド　基礎編①

図表 5 - 2 ▓企業の概況の記載例

第 1 【企業の概況】

1 【主要な経営指標等の推移】
(1) 最近 5 連結会計年度に係る主要な経営指標等の推移

回次		第62期	第63期	第64期	第65期	第66期
決算年月		2019年3月	2020年3月	2021年3月	2022年3月	2023年3月
売上高	(百万円)	417,709	442,220	487,189	514,029	541,824
経常利益	(百万円)	17,488	19,629	22,211	23,290	25,597
親会社株主に帰属する当期純利益	(百万円)	11,798	12,458	14,593	15,382	15,849
包括利益	(百万円)	11,668	12,430	15,259	15,711	16,029
純資産額	(百万円)	94,055	104,037	116,625	128,828	141,613
総資産額	(百万円)	224,315	244,511	269,121	305,997	318,231
1株当たり純資産額	(円)	2,422.24	2,679.23	3,003.15	3,317.02	3,644.95
1株当たり当期純利益	(円)	303.86	320.85	375.81	396.08	407.99
潜在株式調整後1株当たり当期純利益	(円)	－	305.44	353.07	372.04	383.17
自己資本比率	(%)	41.9	42.5	43.3	42.1	44.5
自己資本利益率	(%)	13.2	12.6	13.2	12.5	11.7
株価収益率	(倍)	17.9	20.8	18.1	16.8	16.9
営業活動によるキャッシュ・フロー	(百万円)	22,970	29,218	26,896	30,525	33,276
投資活動によるキャッシュ・フロー	(百万円)	△16,431	△21,992	△23,345	△46,909	△10,516
財務活動によるキャッシュ・フロー	(百万円)	△5,715	1,418	4,191	15,571	△8,251
現金及び現金同等物の期末残高	(百万円)	15,693	24,338	32,080	31,268	45,777
従業員数（ほか、平均臨時雇用者数）	(名)	3,453 (11,319)	3,613 (11,628)	3,804 (12,251)	4,022 (12,922)	4,174 (13,118)

出所：有価証券報告書（ヤオコー）

5 - 3　表計算ソフトのグラフ機能を使って数値の変化を示します

　「売上高」の推移を複数年分抽出して，表計算ソフトなどを使い図表にしてみましょう。**図表 5 - 3** のように売上高が増加している場合，企業は本業において収益獲得が順調に推移しているであろうことが確認できます。

31

第Ⅱ部　実践編

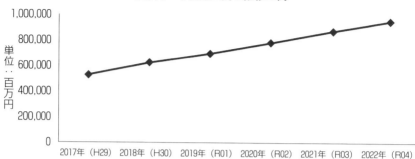

出所：筆者作成

　さて，本業の売上高増加を企業はどのようにみているのでしょうか。私たちは収益獲得が順調に推移したことの裏づけを探す必要があり，それができなければ，売上高の増加を正確に説明したことになりません。

　この点については，有報の非財務情報，「第2　事業の状況」「3　経営者による財政状態，経営成績及びキャッシュ・フローの状況の分析」にまとめられています。**図表5－4**にあるように，売上高は経営成績に位置づけられますから，企業自身が経営成績の状況をどう分析しているのかが，ここに示されています。

　注意しなければならないのは，これらの記載は連結ベースの財務諸表であるということです。報告会社単体の財務諸表も有報には記載がありますが，単体ベースの状況分析の記述はありません。したがって，企業自身が経営成績をどのように分析しているかを知ることができるのは，連結ベースの内容に限られます。

Chapter 5　経営分析メソッド　基礎編①

図表 5 - 4 ■経営成績の状況分析の例

4　【経営者による財政状態、経営成績及びキャッシュ・フローの状況の分析】

　　当社グループは、スーパーマーケット事業の単一セグメントであるため、セグメント情報は記載しておりません。

(1) 経営成績等の状況の概要

　　当連結会計年度における当社グループの財政状態、経営成績及びキャッシュ・フロー（以下「経営成績等」という。）の状況の概要は次のとおりであります。

① 財政状態及び経営成績の状況

イ 財政状態

　（資産）

　　当連結会計年度末の総資産は、前連結会計年度末に比べ12,234百万円増加し、318,231百万円となりました。これは主に、土地が減少したものの、現金及び預金が増加したためであります。

　（負債）

　　当連結会計年度末の負債は、前連結会計年度末に比べ550百万円減少し、176,618百万円となりました。これは主に、流動負債のその他に含まれている未払消費税、買掛金が増加したものの、借入金、流動負債のその他に含まれている未払金が減少したためであります。

　（純資産）

　　当連結会計年度末の純資産は、前連結会計年度末に比べ12,784百万円増加し、141,613百万円となりました。これは主に、親会社株主に帰属する当期純利益の計上により利益剰余金が増加したためであります。

ロ　経営成績

　　当社グループは、新規出店や既存店売上高の増加に伴い売上高が増加し、特に当社においては前期に続き、デリカ部門が好調な推移をいたしました。利益面では、売上増加を主要因とする営業総利益の増加が販売費及び一般管理費の増加を上回り、当連結会計年度における売上高は541,824百万円（前期比5.4％増）、営業利益は26,235百万円（同8.9％増）、経常利益は25,597百万円（同9.9％増）、親会社株主に帰属する当期純利益は15,849百万円（同3.0％増）となりました。

　　当連結会計年度は、「『2割い店づくり』の実現」をテーマに掲げた第10次中期経営計画（2022年3月期〜2024年3月期）の2年目に当たります。グループ全体で「価格対応」に注力し、更なる伸長を目指してまいります。

出所：2022年 有価証券報告書（ヤオコー）。網かけは筆者

5 - 4　営業利益が増減する理由や背景に迫ります

　さらに，収益獲得にはその獲得のための市場創造の犠牲である費用が必要であり，収益獲得の準備段階で用いた費用を上回って収益獲得できているかどうかも確認しなければなりません。収益が費用を上回っていれば，企業には利益（儲け）がもたらされます。利益を生む企業は，費用とのバランスを意識し，しっかり工夫していると考えることができます。利益が生まれてこそ，収益獲得を目指して次なる準備ともいえる将来のための投資ができるのであり，企業

33

第Ⅱ部　実践編

活動は継続できるようになります。

　このことを確認するために，私たちは「営業利益」に注目します。「営業利益」も，損益計算書に記載があります（**図表5-5**）。

図表5-5■営業利益の記載例

②【連結損益計算書及び連結包括利益計算書】
　【連結損益計算書】

（単位：百万円）

	前連結会計年度 （自 2021年4月1日 至 2022年3月31日）		当連結会計年度 （自 2022年4月1日 至 2023年3月31日）	
売上高	※1	514,029	※1	541,824
売上原価		384,259		405,790
売上総利益		129,769		136,034
営業収入	※1	21,996	※1	22,662
営業総利益		151,766		158,696
販売費及び一般管理費				
配送費		9,577		9,937
広告宣伝費		2,669		2,761
ポイント引当金繰入額		-		78
給料及び手当		53,089		54,895
賞与引当金繰入額		2,987		3,180
退職給付費用		1,148		1,573
役員退職慰労引当金繰入額		3		2
執行役員退職慰労引当金繰入額		2		1
株式給付引当金繰入額		565		387
役員株式給付引当金繰入額		37		29
法定福利及び厚生費		8,303		8,458
水道光熱費		5,282		7,553
地代家賃		14,166		14,728
減価償却費		10,303		10,863
のれん償却額		1,015		-
その他		18,530		18,008
販売費及び一般管理費合計		127,684		132,461
営業利益		24,081		26,235

出所：2022年 有価証券報告書（ヤオコー）。罫線の囲みは筆者

　「営業利益」の記載箇所がわかれば，数値がどう変化しているか，表計算ソフトを使って確認してみましょう（**図表5-6**）。「売上高」が増加している場合，「営業利益」も増加するのが自然ですが，伸びがない年，伸びの大きな年があったりします。これはすなわち，「売上原価」あるいは「販売費及び一般管理費」が増加しているからであり，どのような理由で営業費用が増減したのかを知らなければ，その理由が明らかになりません。

34

Chapter 5　経営分析メソッド　基礎編①

図表 5 - 6 ■営業利益の推移の例

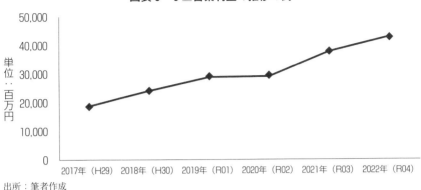

出所：筆者作成

　この「営業利益」の増減理由もまた，有報では「第 2　事業の状況」「3　経営者による財政状態，経営成績及びキャッシュ・フローの状況の分析」にまとめられています。こちらを参照しながら，収益を獲得するための費用が発生する理由となる諸活動がどのように行われてきたのかを，的確に把握することが大切です。

5-5　売上高営業利益率が増減する理由や背景に迫ります

　企業にとって稼ぎ（「売上高」あるいは「営業収益」）を増やすことは大切ですし，この金額が大きいほど，たくさん稼げた（たくさんの商品やサービスが支持され対価を獲得することができた）ことを意味しています。「売上高」あるいは「営業収益」の増減をみてみると，対価の獲得がどのように推移しているのかがわかります。しかしながら，対価の獲得に必要な費用がどの程度だったのかについては，「売上高」あるいは「営業収益」の推移だけでは判断できません。大切なのは，必要な費用を踏まえてもなお儲けが出ていることです。これを端的に示すものが「営業利益」です。仮に，「売上高」あるいは「営業収益」が減っていても，「営業利益」が増えていれば，稼ぎは減っても儲けることができた（対価の獲得に必要な営業費用を節約した）と考えることができます。つまり，効率よく儲けられているか（効率よく営業利益を獲得できているか）を考え

35

第Ⅱ部　実践編

ることで，儲け（「売上高」あるいは「営業収益」）に偏らない，優れた企業経営の成否に迫る経営分析が可能になります。このことを示す指標として，売上高営業利益率があり，以下の計算式で求めることができます。

「売上高営業利益率」＝「営業利益」÷「売上高」×100（％）

売上高営業利益率は，「売上高」ないし「営業収益」のうち，どの程度が「営業利益」として残るかを意味する指標であるため，数値が大きいほど本業がうまくいっているといえます。

複数の企業を対象にして経営分析していくと，「売上高」ないし「営業収益」と「営業利益」は，企業の規模によって違いがあり，その金額だけで比較しても議論が深まらないという問題に直面します。そうしたときに，売上高営業利益率を計算して比較すると，企業の規模の違いを超えて議論することができます。詳細は次章で説明します。

Chapter 6 分析の視点　基礎編①

■本章の要点

✧　有価証券報告書の記載内容に注目し，説明に必要な内容を収集することで，
　　経営成績の内実が説明できるようになります。

✧　妥当性の高い説明のための論理の組み立てには，財務情報を説明する非財務
　　情報の特定が大切です。

これが理解できると…

◆売上高や営業利益が変化する理由がわかります。

◆財務情報と非財務情報を結びつけて説明できるようになります。

　前章で注目した「売上高」や「営業利益」は，企業の経営成績を説明するう
えで重要な内容です。したがって，「売上高」や「営業利益」の推移を捉え，
どのような理由で変化が生じているのかを解明することで，企業活動の成果に
関して，正しい理解が生まれます。

　本章では，因果関係が成立する要件となる内容の見つけ方から，具体的な検
討のために必要な分析の視点を提示します。

6-1　売上高や営業利益の変化を検討します

　まず，この検討に際して目的変数となるのは，「売上高」や「営業利益」で
す。したがって，「売上高」や「営業利益」を説明している箇所を精査する必

第Ⅱ部　実践編

要があります（**図表6-1**）。説明する内容が見つかれば，「売上高」や「営業利益」が増減する理由を直接言及しているので，その内容こそが因果関係を成立させる，重要な要素です。

図表6-1■因果関係の構造1

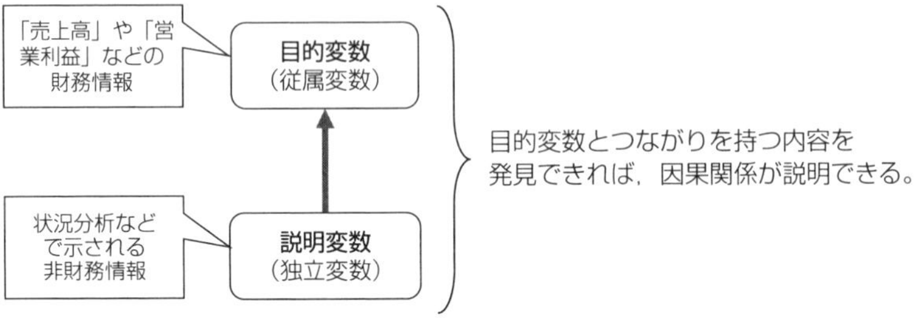

「売上高」や「営業利益」などの財務情報 → 目的変数（従属変数）

状況分析などで示される非財務情報 → 説明変数（独立変数）

説明変数 → 目的変数

目的変数とつながりを持つ内容を発見できれば，因果関係が説明できる。

　前章でも確認したように，経営成績の状況を分析している箇所は，有報の「第2　事業の状況」「3　経営者による財政状態，経営成績及びキャッシュ・フローの状況の分析」に記載があります。したがって，まずはそれらを精査し，有効な説明変数を抽出することが求められます。

　また，有報の他の箇所に手がかりを得ようとする場合，以下に注目するとよいでしょう（**図表6-2**）。

図表6-2■経営成績を説明するための視点が提供されている箇所

大項目名		小項目名	参照するメリット
第2　事業の状況	1	経営方針，経営環境及び対処すべき課題等	成果獲得に向けた企業の姿勢
	2	事業等のリスク	成果獲得が難しい理由
	4	経営上の重要な契約等	取引関係や戦略を規定する要因

　ただし，たとえば「営業利益が減少した」理由が「営業費用が増加した」と説明されている場合，それ以上の非財務情報の精査はできず，むしろ目的変数に影響を与えている財務情報についての詳細な理解を深める必要があります。このとき，「営業利益」が変化する要因となる営業費用は財務情報です。それは「営業利益」を説明するための説明変数でありながら，同時に営業費用につながる非財務情報を必要とします。つまり，営業費用は「営業利益」の説明変数でありながら，説明変数を必要とする目的変数でもあります。ここに，演繹的な推論の必要性が示されることになります（**図表6-3**）。

38

図表6-3 ■因果関係の構造2

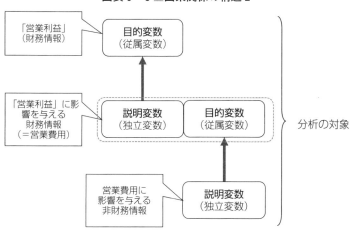

こうした理解によれば,「営業利益」に注目すると,金額の増減に影響する「営業費用」に関心を向ける必要が生じます。こうした複雑な演繹的推論の方法については,第9章以降で確認します。

6-2　金額（数字）を相対化すれば優劣や変化の大きさが検討できます

「売上高」や「営業利益」の抽出方法がわかり,企業がどのように状況を分析しているかがわかれば,極めてシンプルではありますが,企業の経営成績に迫ったことになります。ただしこの分析が1社単独の場合,その結果は絶対的な見方しかできません。しかし,対象を複数の企業にすれば,相対化した見方ができるようになります。ライバル企業を特定して2社を比較するだけでも,どちらの企業のほうが優れているかがわかりますし,同業の企業を4～5社特定して分析すれば,業界に特有の傾向を発見できます。できるだけ複数の企業を対象にすることで,企業自身が公表している経営成績の状況分析の妥当性についても議論することができます。

前章でも触れましたが,複数の企業を分析対象にする場合,「売上高」や「営業利益」はいずれも,企業の規模により大きく異なるため,複数の企業の

第Ⅱ部　実践編

グラフを重ねたところで，順位が逆転するなどの事象が見られない可能性があります。しかし，「売上高営業利益率」を求めて比較すれば，合理的に利益を生み出しているかどうかの比較が可能になります。

図表6-4のように，どの企業とどの企業が拮抗した関係にあるのかが確認できるほか，どのような状況によって優位と劣位が決定しているのかを考える機会が生まれます。

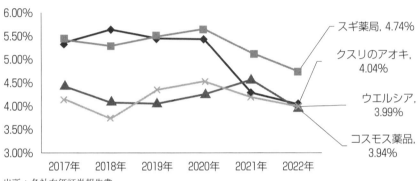

図表6-4 ■ドラッグストア4社にみる売上高営業利益率の推移の例

出所：各社有価証券報告書

6-3　財務情報を説明する非財務情報が見つかれば仮説が生まれます

ここまで確認した内容を踏まえて，経営分析を進めてみます。

最初に「売上高」あるいは「営業収益」に注目します。たとえば，氷菓を生産する製造業A社とB社の2社を調査したところ，両社とも収益が増加していたとします。また，その理由や根拠について有報の記載内容を確認すると，高い気温が指摘されていたとします。すると，**図表6-5**の因果関係が成立していることを確認できます。

図表６－５■因果関係の構造３

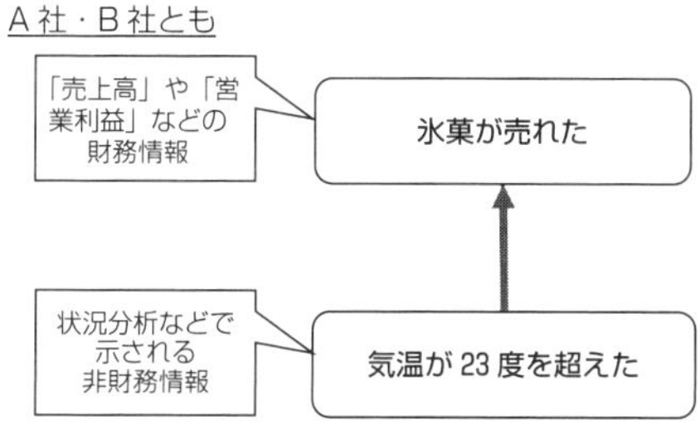

A社・B社とも
「売上高」や「営業利益」などの財務情報
氷菓が売れた
状況分析などで示される非財務情報
気温が23度を超えた

図表６－５のような因果関係が複数の企業において確認できる場合，重複する指摘が多いほど，妥当性の高い因果関係であろうことが推測できます。したがって，複数の企業が共通の要因を指摘して，収益の増加を指摘しているのであれば，「高い気温」は企業活動において大きな影響力を持つことが確認できます。

一方で，Ａ社とＢ社の「営業利益」に注目すると，「売上高」ないし「営業収益」についてＡ社はＢ社ほど伸びていないということがあったとします。これを「売上高営業利益率」で比較してもＡ社とＢ社の違いを確認することができ，売上高営業利益率はＢ社のほうが高い場合，Ａ社には「営業利益」を圧迫する「営業費用」が存在すると考えられます（**図表６－６**）。

図表６－６■因果関係の構造４

A社
「営業利益」の違い
A社はB社ほど売上高営業利益率が高くない
状況分析などで示される非財務情報
営業費用の増加要因（理由や根拠）

この点について，有報の非財務情報に理由や根拠が記載されていれば，Ａ社の利益増加が限定的だった理由が明らかになります。仮に，テレビ・コマーシャルを作成して，新商品を大々的に宣伝したという記載があれば，その指摘は営業費用が増加した有力な理由になります。

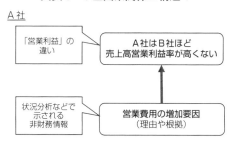

第Ⅱ部　実践編

　ちなみに，氷菓を生産する製造業はA社やB社のような傾向があるのに対し，C社だけが，「売上高」や「営業収益」の増減理由を説明するうえで，高気温について言及していない場合，それは「気温の上昇」という追い風となる要因を活かせなかったことが浮き彫りになります。つまり，非財務情報に記載されている内容を精査することも大切ですが，何が記載されていないのかに気づくことも，比較分析をするうえでは，大切な視点になります。

Chapter 7 分析事例　基礎編①

■本章の要点

- 同業他社と比較すると，総じて売上高が増加するケースもあれば優劣が鮮明になるケースもあり，市場の特性や企業の挑戦の違いが浮かび上がります。
- いつ，どのような要因でコスト削減しているかによって，その実態はさまざまだからであり，その内実の理解が大切であり，それは営業利益の変化にあらわれます。

これが理解できると…

◆売上高や営業利益の変化の理由の検討方法がわかります。
◆同業他社と比較して分析できるようになります。

本章では実際に企業が公開している情報（財務情報のほか非財務情報）を使って企業活動の検討を行います。これにより，どのようなことがわかるでしょうか。事例に基づいて，皆さんと一緒に考えていきます。

7-1　製造業の場合（その1）：販売の機会や頻度が売上高に大きく影響します

はじめに，洋菓子製造業を営む株式会社不二家（以下「不二家」）とモロゾフ株式会社（以下「モロゾフ」）の事例分析を行います。両社とも洋菓子の製造のみならず直営店を持ち自社商品を販売するところに特徴があります。ただし，

第Ⅱ部　実践編

不二家は食品スーパーやコンビニエンスストア向けの商品も扱っており，必ずしも直営店のみでしか商品を販売していないわけではありません。

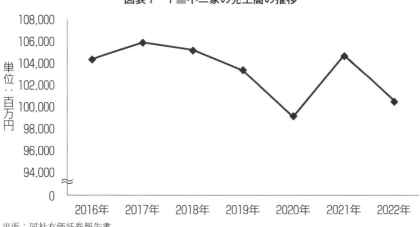

図表7-1■不二家の売上高の推移

出所：同社有価証券報告書

　図表7-1のように，不二家の売上高は芳しいとはいえない推移となっています。2017年以降売上高が減少している要因として，消費者の節約志向や他社との販売競争の激化が挙げられます。これは主に，食品スーパーやコンビニエンスストア向けの商品がもたらす影響が大きいことを示唆しています。それに加え，洋菓子事業においては不採算店の閉鎖がありました。この店舗数の減少も売上高の減少をもたらします。2020年は，この状況にパンデミックの影響が加わります。危機感を強めた同社は，テレビ・コマーシャルのほかデジタル広告配信を強化したほか，有力なキャラクターとのコラボレーション企画に取り組むなどにより，売上高の回復に努めます。こうして2021年は大幅に売上高が回復していますが，このことから企業はさまざまな社会環境や企業間競争の影響を受けることが理解できます。

　では，モロゾフはどうでしょうか。図表7-2にあるように，売上高の規模は不二家より小さいものの，同社は2019年まで売上高が安定的に推移してきたことがわかります。

　同社は，バレンタインデーなどのライフイベントで重宝する商品を数多く提供している点に特徴があり，イベント商戦や中元，歳暮などのギフト需要が安

定的に推移したことが要因のようです。ただし，こうした需要もパンデミックにより状況が激変し，個人消費の低迷が業績にも反映されてしまいます。とはいえ以降の業績は改善が見られ，ダメージは大きくないといえます。

図表7-2 モロゾフの売上高の推移

出所：同社有価証券報告書

では，営業利益はどう推移しているでしょうか。図表7-1や7-2に示したように，売上高では規模の違いがありましたが，営業利益でみると，2018～2019年は拮抗していることがわかります（**図表7-3**）。

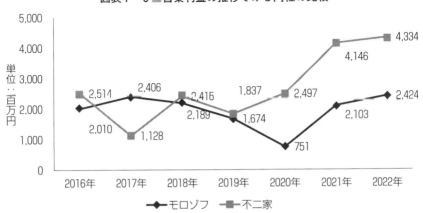

図表7-3 営業利益の推移でみる両社の比較

出所：両社有価証券報告書

さらに，売上高営業利益率の違いはどうでしょうか。**図表7-4**は両社を売

45

第Ⅱ部　実践編

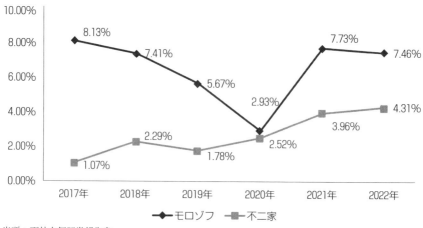

図表7－4　売上高営業利益率でみる両社の比較

出所：両社有価証券報告書

上高営業利益率で比較しています。不二家は2％前後で推移していて，直近は状況がよくなっているのに対し，モロゾフはそれよりも恒常的に高いスコアで推移していることがわかります。モロゾフのほうがパンデミックの影響を強く受けていますが，2021年の7％台は高いスコアで，大幅な業績回復だったことが理解できます。

　このように分析を進めていくと，売上高営業利益率の推移に目を向けることは大切であり，不二家とモロゾフの両社に注目したとき，不二家はパンデミックのあと回復が十分でない一方で，モロゾフはかつてを上回る水準に達していることがわかります。企業の業績は外的環境要因に影響を受けるだけに，何らかの適応が必要です。その取組みによる成果が異なり，不二家は売上高営業利益率の継続した増加を達成しています。モロゾフも7％を回復しており，両社とも営業費用を上手に削減してこの水準に到達しています。ここに，社会の変化に屈することのない，両社の着実な成長をみることができます。

　不二家とモロゾフの売上高と営業利益の推移を見るだけでも，販売する商品の特性，あるいは販売の方法によって実態はさまざまなことが理解できます。また，パンデミックのような大きな社会環境の変化にも影響を受けるほか，そもそも企業間の競争が存在し，それぞれの立場を確立すべく挑戦を続けている

ため，その成果や課題もさまざまとなります。こうした各社の実態を相対化して比較するうえで，売上高営業利益率の活用が有効です。一連の分析を通じて，さまざまな企業の挑戦が売上高や営業利益という結果につながっていること，そして売上高営業利益率に注目することで，優劣を比較することができます。

7-2 製造業の場合（その2）：需要の安定した製品ほど 営業費用の管理が大切です

　続いて，点眼薬のカテゴリーで代表的な企業である，ロート製薬株式会社（以下「ロート製薬」）と参天製薬株式会社（以下「参天製薬」）の事例を分析します。図表7-5にあるとおり，売上高をみると両社ともにパンデミックの影響を受けていないようにみえます。ただし，参天製薬のほうが伸びに淀みがなく，ロート製薬は2020年に減収しています。

　これは，アイケアをはじめ，スキンケアを用途とした製品を扱っているからだと考えられます。パンデミックは外出自粛を要請することになったほか，外出時には必ずマスク着用を求める環境が広がりました。すると，リップクリーム・日焼け止めなどのスキンケアを用途とした製品の需要が低下してしまいます。これが，同社が減収になってしまった理由だと考えられます。

　ところで，売上高が増加していること自体は望ましく，図表7-5をみれば両社とも企業活動が市場から支持されていると考えることができます。しかし，こうした成果は容易に実現できるでしょうか。売上高が生じる市場を日本国内に限定したら，どうなるでしょうか。日本国内では少子高齢化が進んでいて，総人口も減少局面に入っています。すると，企業が同じように活動し続けていても，売上高は減少する状態にあるといえます。当然，企業間の競争は熾烈になる傾向があります。限られた市場での覇権争いが激化してしまい，中には収益性を低下させる企業があっても不思議ではありません。

　このように考えた場合，売上高が減少している企業を分析する際は，国内市場だけを企業活動のフィールドとしているがゆえの課題に直面しているのではないか？という仮説をもとに検討してもよいかもしれません。あるいは，売上

47

第Ⅱ部　実践編

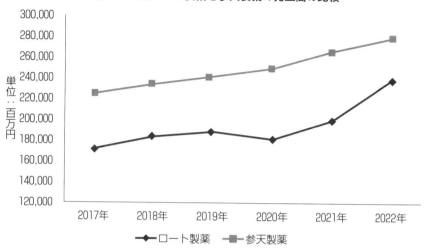

図表7－5　ロート製薬と参天製薬の売上高の比較

出所：両社有価証券報告書

高が増加している企業を分析する際は，海外市場での躍進ぶりを反映したとの仮説をもとに，非財務情報をみて裏づけていく作業があってもよいはずです。

　こうして売上高を複数年の推移でみたとき，企業はさまざまな挑戦をしていることが発見できるほか，さまざまな要因に影響を受けていることが理解できます。とりわけ，企業の商品やサービスがどのような特性であるかによって，影響は異なります。Chapter 1で示したように，成果は必ず商品やサービスを必要とする主体との関係によって生じます。どのように関係が構築されているのか，あるいは関係が維持されているかという見方ができれば，売上高の増減を見るだけでも，さまざまな示唆が得られます。

Advanced Point　減損損失にみる会計基準の違い

　ところで，両社の営業利益はどのように推移しているでしょうか。挑戦の裏側には周到な準備があるはずであり，それは営業費用に反映されていても不思議ではありません。**図表7－6**は，両社の営業利益の推移をみたものです。

　2018年以降売上高の順調な増加がみられた参天製薬は，アジア市場での躍進がみられたわけですが，2020年や2021年は減損損失が計上されたことによる影響がみられます。ただし，減損損失の計上は採用する会計基準によって扱いが異なるため，注意が必要です。

参天製薬の連結財務諸表は国際財務報告基準が採用されているのに対し，ロート製薬は日本基準が採用されています（2022年7月4日現在）。このため，参天製薬の減損損失は営業費用に計上される一方で，ロート製薬における減損損失は特別損失に計上されるという違いが生じます（**図表7－6**参照）。そこで，企業間の比較はできる限り同じ条件にするために，参天製薬の営業利益について減損損失の金額を含めない金額により比較したものが**図表7－7**となります。

図表7－6 ロート製薬と参天製薬の営業利益の比較

出所：両社有価証券報告書

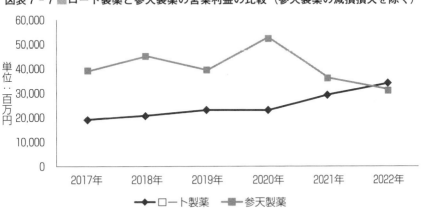

図表7－7 ロート製薬と参天製薬の営業利益の比較（参天製薬の減損損失を除く）

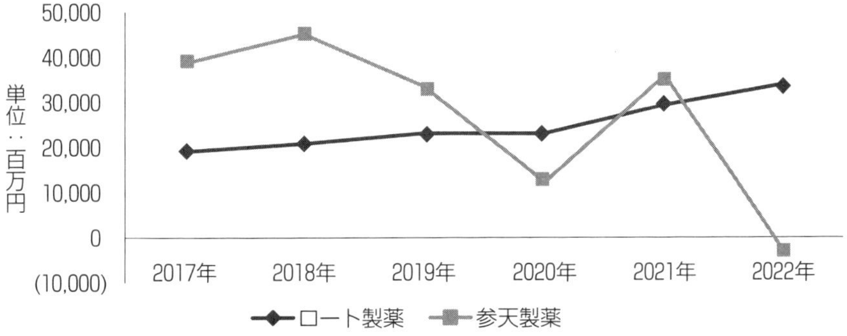

出所：両社有価証券報告書

第Ⅱ部　実践編

　さらに，売上高営業利益率を用いて両社を比較すると，**図表 7 - 8** のようになります。両社ともパンデミックの影響は小さく，むしろ順調に業績を高めていることが理解できます。参天製薬は2021年に営業費用の増加から収益性を低下させていますが，それでもなお，両社とも売上高営業利益率は2021年には14％前後に達していて，利益を獲得する効率が高いことを確認することができます。

図表 7 - 8 ■ロート製薬と参天製薬の売上高営業利益率の比較
（参天製薬の減損損失を除く）

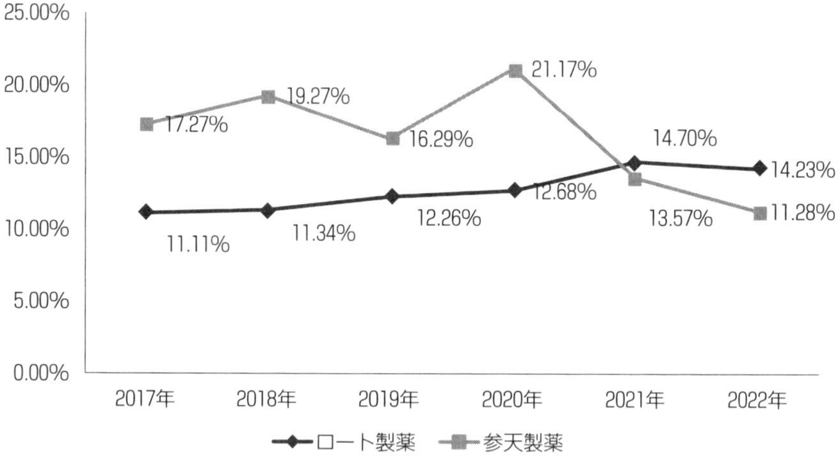

出所：両社有価証券報告書

7 - 3　製造業の場合（その 3 ）：製品の販売動向に応じた営業費用の管理が大切です

　ここまでに確認した本章の分析事例は，いずれも企業（Business：B）が最終消費者（Consumer：C）に向けた商品を供給する企業ばかりでした。それに対し，企業が企業向けに商品やサービスを提供することも想定でき，BtoCとBtoBは区別して考えることができます。**図表 7 - 9** にあるように，対象とする主体が異なることで，取引関係に違いがあるほか，問題解決の視点も違うといった特徴があります。これは，売上高の推移にも反映されるはずであり，BtoBの特徴も踏まえた分析が大切になります。

図表 7 - 9　BtoB, BtoC, CtoCの違い

	B to C	B to B	C to C
典型的な例	小売企業と顧客との関係	自動車製造業と部品製造業	ユーザー・コミュニティなどオンライン・プラットフォームにおける関係
取引の前提	顧客の関心に応じて取引が成立する	完成品の組立製造のために取引を行う	有益な情報収集やブランド理解のために取引を行う
取引の関係	一時的（場合によっては長期的）	長期的（場合によっては短期的）	一時的（場合によっては長期的）
対価獲得のタイミング	取引時に必ず生じる	取引前後に必ず生じる	必ずしも生じない
取引相手の問題解決アプローチ	提案型の問題解決（企業側が顧客に応じて対応する）	協調的な問題解決（共通の目標に対し横断的に対応する）	対話的な問題解決（同じ立場で指摘し合いながら対応する）

出所：筆者作成

　そこで，BtoBの製造業の事例として，長野県を拠点とした2社である株式会社前田製作所（以下「前田製作所」，One Point 3）と株式会社竹内製作所（以下「竹内製作所」）をとり上げます。両社とも建設機械を製造する企業であり，道路整備などの交通インフラ事業に必要な製品を生産しています。

One Point 3

　前田製作所は2021年に東京証券取引所JASDAQ市場への上場を廃止し，共同持株会社であるインフロニア・ホールディングス株式会社を設立し移行しました。このことから，本書では2020年までの前田製作所の財務情報（主に決算短信を活用）を用いて記述しています。

　図表 7 -10は，前田製作所と竹内製作所の2社の売上高の推移を示したものです。前田製作所は，建設現場などで重宝するクレーン機械を複数準備し，さまざまな使途に対応しています。「かにクレーン」や「クローラクレーン」はラインナップが豊富で，同社を代表する建設機械です。竹内製作所は，比較的小型の油圧ショベルやクローラーローダーが主力で，さまざまな土木の作業現場で実力を発揮します。両社とも販売する製品は限定的ですが，必要とされる環境が明確で，製品の性能やアフターサービスといった点で信頼が高いことも

第Ⅱ部　実践編

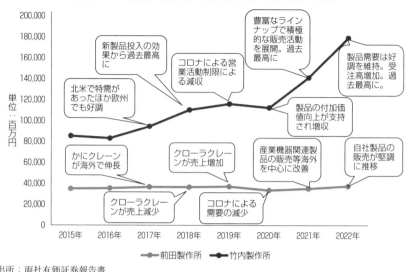

図表7-10 ■ 前田製作所と竹内製作所の売上高の比較

出所：両社有価証券報告書

あって，何が売れて売上が増えたのかについてや，どのような地域で需要があるのかを明確にしやすいといった特徴があります。

　図表7-10のとおり，両社ともパンデミックの影響があったことは間違いありませんが，それが顧客や市場を喪失するほどにはならなかったといえます。むしろ，交通インフラの整備というなくなることのない需要に対し，必要とされる製品が供給できているかの方が重要であり，2021〜2022年の売上高をみると，両社とも状況は好転しているように思えます。つまり，両社が供給する製品は，建設現場で必要とされる水準にあることが，証明されたといえそうです。前田製作所と竹内製作所は，手堅いビジネスを展開しているのがわかります。

　さらに，こうしたビジネスの手堅さが高い営業利益の獲得に結びついていれば，申し分ありません。図表7-11は営業利益の推移について整理したものです。

　ここにあるように，製品の売れ行きは売上高の増減に直接影響するほか，新製品を生産するための数々の条件の変化が，営業利益に影響を与えます。竹内製作所は，原材料費や運搬費の増加を製品売価の値上げでカバーして利益を獲得していますが，それでもなお，台風などの影響で生産拠点が機能しない事態

Chapter 7 分析事例　基礎編①

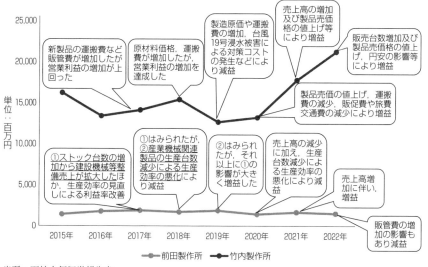

図表7-11 前田製作所と竹内製作所の営業利益の比較

出所：両社有価証券報告書

に見舞われたときには，減益となっています。前田製作所は，完全な受注生産ではなく，見込生産が行われているため，ストックを確保して調整しながら生産効率の向上を意識していることが理解できます。しかしながら，生産台数を減少せざるを得ない要因が生じると減益となってしまうので，2018年や2020年には，この原因を回避できなかったため減益になったと想定できます。

さて，この売上高や営業利益の推移は，売上高営業利益率にどう影響しているでしょうか。**図表7-12**で，両社の売上高営業利益率を比較してみましょう。

竹内製作所の売上高営業利益率は，2015年に19％超に到達していましたが，原材料価格や運搬費の上昇が影響し，2022年は11％をやや上回るところまで低下しました。これは，製品市場を海外に求めつつ生産拠点を日本国内としていることから生じる問題でもあるようです。生産拠点を拡張しないことで経営資源の分散は生じません。品質管理においても利点がありますが，その生産拠点が台風で被害を受けるなどすると，ダメージを回避できないというリスクが顕在化してしまいます。竹内製作所の売上高営業利益率の推移をみると，同社がグローバル展開する局面にあるがゆえの難しさがみてとれます。

第Ⅱ部　実践編

図表 7 -12■前田製作所と竹内製作所の売上高営業利益率の比較

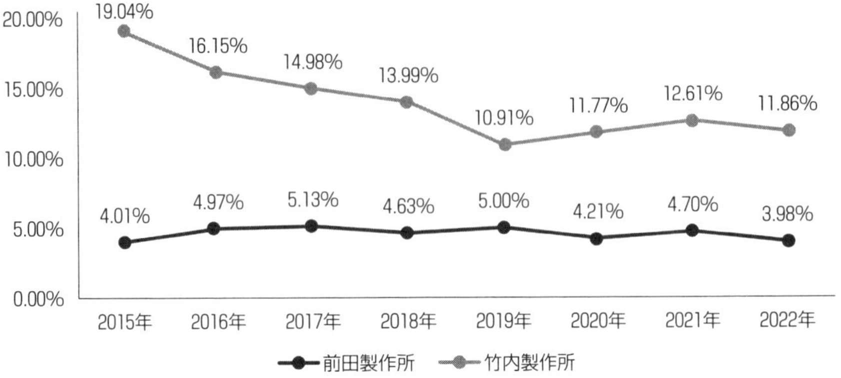

出所：両社有価証券報告書

　前田製作所の売上高営業利益率は，4～5％と一定の状態で推移しています。
これは，在庫管理と生産効率とのバランスを意識していることの成果であると
考えられます。特殊な製品を扱うがゆえに，極端な需要の増加を見込むよりも，
確実に必要とされる販売台数を維持し，安定した製品供給を優先していること
が，売上高営業利益率に反映されているといえそうです。

7 - 4　小売業の場合（その 1 ）：同質的な競争でも成果はかなり違います

　次に，私たちの生活により身近な小売各社に注目します。最初は，ファスト
フードの代表格であるハンバーガーを販売する，日本マクドナルドホールディ
ングス株式会社（以下「マクドナルド」）と株式会社モスフードサービス（以下
「モスフード」）に注目した事例分析を行います。

　図表 7 -13のように，マクドナルドは売上高を順調に増やしており，やはり
パンデミックの影響を感じさせません。これは，モスフードも同じなのですが，
同社はマクドナルドほど売上高が増加する傾向にありません。

　では，営業利益はどのように推移しているでしょうか。両社の営業利益の推
移を比較したものが，**図表 7 -14**です。マクドナルドが順調に営業利益を伸ば

54

Chapter 7 分析事例 基礎編①

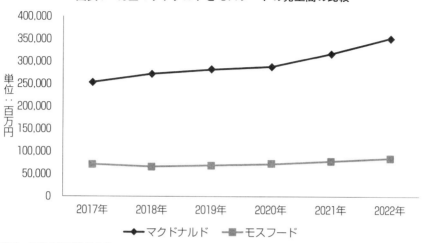

図表7-13 マクドナルドとモスフードの売上高の比較

出所：両社有価証券報告書

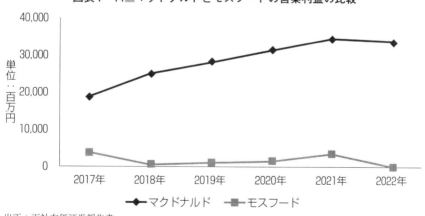

図表7-14 マクドナルドとモスフードの営業利益の比較

出所：両社有価証券報告書

しているのに対し，モスフードは2018年に下降し2019年以降も低水準で推移しているようにも感じられます。2020年と2021年は売上高に回復が見られますが，売上高の回復ほど営業利益の増加はみられません。

　これは，海外での店舗数増加による人件費の増加や，国内の売上回復に伴う給料手当や賞与の増加が理由として考えられます。こうした事情は，売上高営

55

第Ⅱ部　実践編

図表 7 - 15　マクドナルドとモスフードの売上高営業利益率の比較

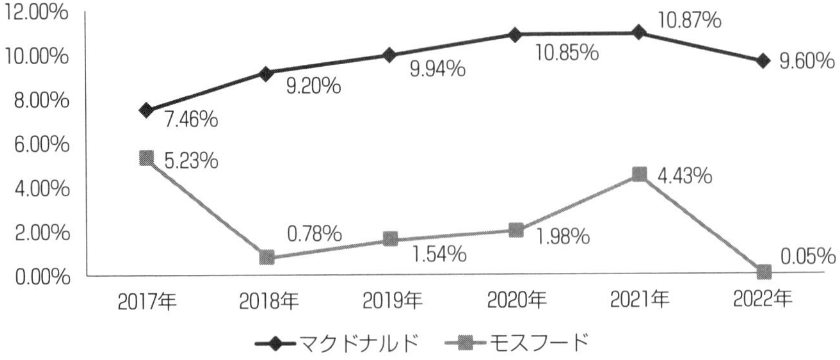

出所：両社有価証券報告書

業利益率にも反映されます（**図表 7 - 15**）。

　マクドナルドは2020年以降10％前後を維持する秀逸な状態であるのに対し，モスフードは2020年段階でも 2 ％に達しない状況が続きます。

　これらをまとめると，パンデミックの影響が深刻だった外食産業ではありますが，ファストフードの中でもハンバーガーというカテゴリーは，比較的ダメージが少なかったことが理解できます。中でもマクドナルドは好調が続いており，パンデミックを味方につけたかのような成長ぶりです。モスフードも同じメリットを享受してもよさそうですが，こちらは必ずしも売上高営業利益率に直結していません。空きテナントが増えパンデミックの収束後には競争が激しくなるような場所での出店を済ませておくことで，売上高は敏感に反応しています。しかしながら，それにより生じる人件費などを抑制することはできず，これこそ，営業利益が低調に推移する理由であると指摘することができます。

7 - 5　小売業の場合（その 2 ）：市場拡大局面の業態では多店舗展開が加速します

　近年急速に店舗数が増えている小売の業態に，ドラッグストアがあります。パンデミックを経験した私たちの多くが，マスクや手指の消毒薬を求めてド

ラッグストアに足を運びました。ドラッグストアは薬粧品の販売だけでなく，近年は生活必需品を幅広く扱う傾向にあります。1つの店舗でさまざまな商品を手にすることができる利便性は高まっているほか，薬剤師が勤務する処方箋薬局を併設するドラッグストアも増えていて，体調不良で医師に診断してもらったあと，処方された医薬品を手にするためにドラッグストアに足を運ぶケースも増えています。ドラッグストアはほかの小売の業態とは違う，店舗にさまざまな機能を持つ特徴があり，これらを武器にしながら成長しています。

本書では，ウエルシアホールディングス株式会社（以下「ウエルシア」），スギホールディングス株式会社（以下「スギ薬局」），株式会社コスモス薬品（以下「コスモス薬品」），株式会社クスリのアオキホールディングス（以下「クスリのアオキ」）の4社を対象に経営分析をしてみます。ドラッグストアは都市部の駅前に立地するチェーンストアと郊外型のチェーンストアに大別できますが，今回は後者に注目した検討を進めていきます。

図表7-16は，ドラッグストア4社の売上高を比較したものです。ここにあるとおり，4社とも売上高が増加していることは明らかであり，ドラッグストア業界全体が伸びていることを象徴しています。売上高の増加は店舗数の増加を大きな要因としていて，各社ともに店舗の数を増やして多店舗展開によるスケールメリットを享受しようとしている局面にあることが理解できます。また，

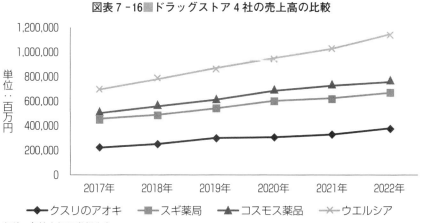

図表7-16 ドラッグストア4社の売上高の比較

出所：各社有価証券報告書

積極的な企業買収によるものと考えることもできます。

　この傾向は営業利益の比較からもみてとれます（**図表7-17**）。売上高の増加と連動するようにして，各社とも営業利益が増加しているので，多店舗展開による売上高の増加は，仕入費用を減少させる効果をもたらすほか，バイイングパワーが強くなるという背景も重なり，営業利益の総額を押し上げる大きな原動力になっていると考えられます。

　ただし，売上高の比較では，上位から①ウエルシア，②コスモス薬品，③スギ薬局，④クスリのアオキの順だったのが，営業利益の比較では，②と③が拮抗していて，これら両社と④との差はやや大きくなっています。これは，営業費用の違いによって生じる差であり，その理由を考察する必要がありそうです。

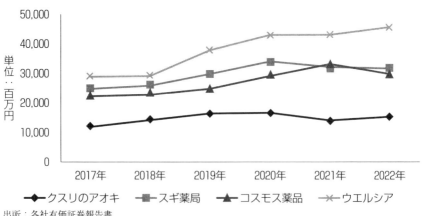

図表7-17　ドラッグストア4社の営業利益の比較

出所：各社有価証券報告書

　さらに，4社を売上高営業利益率で比較すると，その傾向を考える手がかりが見つかります（**図表7-18**）。

　売上高営業利益率でみると，売上高や営業利益の金額の大小では発見できなかった，スギ薬局とクスリのアオキの拮抗した関係，そしてコスモス薬品とウエルシアの拮抗した関係が発見できます。とりわけクスリのアオキは，分析対象とした4社の中で，売上高や営業利益の規模はもっとも小さな企業でしたが，売上高営業利益率でみると，少ない営業費用で多くの営業利益を獲得できている状態にあることが確認できます。クスリのアオキと拮抗しているのはスギ薬

局ですが，両社にどのような特徴や違いがあるでしょうか。直近のクスリのアオキの売上高営業利益率の低下は，どのような事情によるのでしょうか。各社の方針や戦略，そしてマーケティング活動には何らかの理由や背景があるのであり，財務情報はこれを裏づけているといえます。

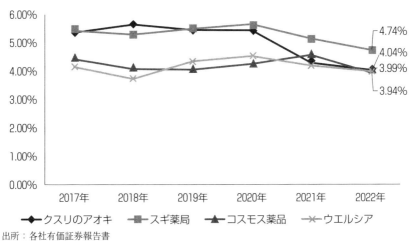

図表7－18 ドラッグストア4社の売上高営業利益率の比較

出所：各社有価証券報告書

特徴的な経営方針や戦略，そしてマーケティング活動が存在しているのではないかという問いは，コスモス薬品やウエルシアにもいえることです。単に売上高営業利益率の優劣だけで説明できないねらいを持って挑戦し続けるからこそ，各社が特徴あるドラッグストア運営を実現できるのであり，その違いが説明できると，より優れた経営分析ができたといえるでしょう。

7－6　企業や業界によって売上高営業利益率の水準は異なります

　ここまでの内容から，企業の規模はさまざまであり，それにより売上高や営業利益も異なりますが，とりわけ売上高営業利益率は，企業や業界によって傾向が異なることがわかりました。売上高営業利益率が1％台になるケースがあるかと思えば，10％を超えるケースも見られます。ドラッグストア4社の売上

第Ⅱ部　実践編

高営業利益率を見ると，4～5％付近で競争していることが明らかです。

Advanced Point　購買頻度と売上高営業利益率の関係

　売上高営業利益率は，顧客や使用頻度，耐久性などによって販売する商品やサービスの利幅が異なることに起因しています。生活必需品を扱う企業ほど，買い手である顧客の日常生活での利活用を想定し，商品やサービスは低価格で設定される傾向にあります。利幅は少なく売上高営業利益率も低くなりますが，購買頻度が高いので企業活動は継続します。前田製作所や竹内製作所のような，買い手が企業であり，購入したら長期にわたって使用するような商品やサービスの場合は，利幅を設定する自由度が高まります。ただし，価格が上がれば買い手は購入に躊躇しますし，買替えの必要性が低ければ購入の機会が遠のきます。こうしたさまざまな影響が売上高営業利益率に反映されるといえ，結果として売上高営業利益率は「○％以上になるはず」といった議論はできません。

　もちろん，利益が出なければ企業活動は継続できませんし，利幅が大きいほど獲得する利益は多くなり，利益を原資とした投資が可能になるほか，出資者への配当を増額することも可能です。企業活動の継続と成長を議論するうえで，売上高営業利益率が持つ意味は決して小さくはありません。売上高営業利益率は戦略やマーケティング活動の成果でもありますので，数値が持つ意味を十分に考えることが大切です。

7 - 7　企業の挑戦も外部事情の影響もさまざまなので成果も多様です

　本章では，売上高や営業利益の推移をめぐり，これらの財務情報を説明するための非財務情報を探して，妥当性のある因果関係を類推する事例をとり上げました。本章の分析事例は，必ずしも妥当な説明が付されたものとはいいきれません。しかし，企業が公開している非財務情報を結びつけることで，一定の妥当性を担保した説明が可能になります。

　企業が公開している情報の分析だけでも，各企業の挑戦の様子に迫ることが

できるといえます。そして，売上高や営業利益を見るだけでも，企業がどのような挑戦をしたか，そしてどのような反応が得られたのかを考える機会が生まれます。売上高が増えれば，挑戦の意義がよく伝わっているといえるでしょうし，それは企業が成長するための好循環のきっかけになっても不思議ではありません。それだけに，私たちは丁寧かつ慎重に，財務情報と結びつく説明変数の抽出を通じた因果関係の解明に努めなければなりません。

　このときみるべきポイントに営業利益があります。複数の企業を対象にすると，売上高の大小と営業利益の大小で優劣の順番が異なるケースがよくあります。これは営業費用に違いがあるからであり，上手に営業費用が削減できれば，売上高では劣勢でも営業利益で優勢となり得ます。それはすなわち，売上高営業利益率のスコアを高める結果をもたらします。

　さらに，売上高営業利益率を比較するメリットは，企業の規模の大小による違いを超えた営業活動の状況の比較が可能になることです。比較対象とする企業を同質的な競争関係にある企業にしておくと，売上高営業利益率の分析によって細かな違いに気づくことができるはずです。

　一方で，参天製薬とロート製薬の分析においては，減損損失分を減じた比較が求められたほか，ドラッグストアの分析においても，ここまでの記述内容だけでは，営業費用をどのように分析できるかへの言及が十分ではありません。本章では，売上高と営業利益だけで優劣をみているにすぎません。あくまで，営業利益における優劣の違いが売上高における優劣の違いと異なる結果をもたらすのは，営業費用に理由があるということしか述べていません。より実態に即した企業活動に迫ろうとすれば，やはりどのような費用計上が必要となり，そのためにどのような工夫が行われているかに気づく必要があります。これらについては，次章以降で説明していきます。

第Ⅱ部　実践編

経営分析メソッド　基礎編②

■本章の要点
- 事業や商品，サービスの特徴によって費用が生じる理由が異なることを適切に理解するためにも，営業費用の正しい理解が大切です。
- 会計基準によって営業費用の内訳が異なるため，その違いに注意して分析しなければなりません。

これが理解できると…

◆営業費用（売上原価と販売費及び一般管理費）の内容がわかります。
◆営業費用の変化を明らかにできるようになります。

　本書では，「売上高」あるいは「営業収益」，そして「営業利益」を分析対象として説明してきました。これらに注目するだけでも，十分に企業活動の実際に迫ることができます。ただし，この視点だけでは，「営業利益」に大きな影響を与える「営業費用」の分析が不足しています。営業費用の総額は少ないほうが「営業利益」を大きくすることができるわけですが，収益を獲得するための活動に伴う費用や支出として重要でもありますから，軽視すべきではありません。ここにも成果が存在していて不思議ではないのです。そこで本章では，「営業費用」の内容を分析する視点を確認していきます。

Chapter 8 経営分析メソッド 基礎編②

8-1 営業費用は売上原価と販売費及び一般管理費で構成されています

　営業費用は，「売上原価」と「販売費及び一般管理費」に分類することができます。両者の違いは**図表8-1**のとおりであり，売上に直接影響する費用を売上原価，間接的な影響にとどまる費用を販売費及び一般管理費とします。

図表8-1 ■売上原価と販売費及び一般管理費の違い

売上原価	売上を上げるために直接かかった費用です。実際に商品や製品が売れたとき，仕入や製造にかかった費用として計上します。
販売費及び一般管理費	売上を上げるために間接的にかかった費用のことです。広告宣伝費，間接部門の人件費や経費，企業全体の管理費が販売費及び一般管理費に該当します。

出所：筆者作成

　氷菓を生産する製造業の場合，氷菓などの商品の製造原価にかかる材料費や労務費，経費が製造原価となり，このうち当期中に販売された部分が「売上原価」となります。また，仮にテレビ・コマーシャルを作成して，新商品を大々的に宣伝したとき，その費用は「販売費及び一般管理費」に分類されます。

　このように，売上となった商品に直接関連する費用が「売上原価」に，直接の関連とはいえないもの（たとえば，テレビ・コマーシャルをどれだけ利用しようとしても収益に結びつかない場合など）は，期間を基準に対応して「販売費及び一般管理費」に計上します（One Point 4）。一般に，製造業の場合は「売上原価」と「販売費及び一般管理費」の分類は明確です。それに対し，サービスを提供する企業の場合は，商品（有形財）の取引を想定しませんから，事前に原材料等を仕入れる行為がありません。また，サービスを提供した結果在庫の過不足が生じるという性格も少ないでしょうから，「売上原価」の比率が小さく，「売上高総利益率」は高くなる傾向があります。

63

第Ⅱ部　実践編

One Point 4

　ここでいう「期間を基準」にした収益と費用の対応とは，売上と直接的な対応関係が明らかにならない場合でも，その期間内に発生した費用は売上獲得に貢献すると仮定して費用化することを意味します。

　商品や製品など売上高に対応して発生する費用は，売上高と直接対応できるため売上原価に，それ以外の期間発生費用で売上高の獲得に間接的に対応するものは，販売費及び一般管理費で処理します。

8-2　売るモノの費用がどれくらい計上されているのかを検討します

　「売上高」は増えているのに「営業利益」は横ばい，あるいは減少している場合，営業費用が増加していることになります。あるいは，「売上高」は減少していても「営業利益」が増加している場合，営業費用が減少していることになります。

　営業費用のうち「売上原価」は，商品を供給する企業にとって，販売した商品にかかわるすべての費用（商品の仕入高や製造原価）のうち，当期末に売れ残った棚卸資産原価を差し引いた額を指します。「売上原価」の増加が営業費用の増加となる場合，その原因として，仕入商品であれば仕入単価の上昇，製造品であれば材料費の高騰，多額の設備投資に伴う減価償却費の増加，工場作業員の採用増や賃上げ等が考えられます。このようなコスト増に対処するために売価を上げることが一番の選択肢になるのですが，それが難しい場合，もう1つの営業費用である「販売費及び一般管理費」の抑制について，検討する必要があります。

8-3　売る努力にどれくらいの費用が計上されているかを検討します

　「売上原価」とともに営業費用を構成するのが，「販売費及び一般管理費」で

Chapter 8　経営分析メソッド　基礎編②

す。本業となる営業活動において生じた費用のうち，販売する商品を準備する
ために要した費用とは異なるものが，さまざま存在します。これをまとめて
「販売費及び一般管理費」とよび，その内訳には**図表 8 - 2**のようなものがあ
ります（個別の勘定科目を用いて仕訳の手続が行われています）。

図表 8 - 2 ■販売費及び一般管理費の内訳

販売費の勘定科目とその内容		一般管理費の勘定科目とその内容	
勘定科目	内容の例	勘定科目	内容の例
給料	営業担当者の給与・賞与	給料	管理部門担当者の給与・賞与
法定福利費	（営業担当者の）給料に伴う社会保険料	法定福利費	（管理部門担当者の）給料等に伴う社会保険料
販売手数料	代理店等に支払う販売関係の手数料	採用費	人材紹介業者に支払う費用
広告宣伝費	広告に要した費用	通信費	社内ネットワークの利用代金
旅費交通費	営業担当者の出張旅費	消耗品費	コピー用紙など文房具費

出所：筆者作成

8 - 4　減価償却費も営業費用に含まれます

　減価償却とは，設備投資などで生じた費用を，一定期間に配分する会計処理
を指します。設備投資は長期間にわたり収益獲得に貢献します。たとえば，機
械を導入すれば，その耐用年数の間稼働し，製品を製造します。したがって，
このような固定資産は投資時に費用計上するのではなく，その耐用年数にわ
たって規則的に費用を配分・計上していきます。

　この処理を行う勘定科目を「減価償却費」といい，製品の製造に関するもの
であれば製造原価に，販売等に関するものであれば販売費及び一般管理費に含
められます。製造原価も売上原価を構成するため，「減価償却費」が多く計上
される年度は，営業利益を減少させる要因になることがあります。

65

第Ⅱ部　実践編

8-5　営業収益の増加と営業費用の減少のどちらも大切です

　本章では「売上高」からマイナスされる「営業費用」を分析対象にするために必要な視点を確認しました。やや複雑ではありますが，これらが「営業利益」を生み出すうえで注視しなければならない企業にとっての"準備"です。したがって，これら準備をできる限りコントロールして「営業利益」を大きくする知恵が持てれば，それは収益性を改善する力となります。では，「営業費用」はどのようにコントロールできるでしょうか。この点を考える必要が，企業の現場には求められていることでしょう。優れた発見が期待されています。

　なお，「営業費用」ばかりに注目すべきではありません。「売上高」自体を増やすことも重要です。では，どうしたら「売上高」自体を増やせるでしょうか。そして，そのために必要な準備はしっかり行われているでしょうか。これらについても，十分に分析する必要があります。つまり，「営業費用」をコントロールしようとする視点は，単に「営業費用」を少なくしよう，削減しようとすることで利益を最大化するという考えにとどまるのではなく，「売上高」を増やすために必要な準備ができているか，必要な準備を怠っていないかという見方で議論することも大切なのです。あらゆる角度から「営業費用」の妥当性を考えることができれば，それ自体が優れた分析になるでしょう。

Chapter 9 分析の視点　基礎編②

■本章の要点
- ◇ 外部事情に比べ内部事情は管理統制が容易なため，営業費用の内訳に沿って分析すれば，企業の細かな努力が見つかります。
- ◇ 物価の上昇や事業規模拡大などは，費用の抑制が困難な要因になりがちです。こうしたときほど，費用の抑制は困難となり，企業の姿勢が問われます。

これが理解できると…

◆営業費用の詳細がわかります。
◆営業費用が変化する理由を説明できるようになります。

9-1　非財務情報を精査して仮説を生成します

　前章までの検討から，「売上高」あるいは「営業収益」を計上するための準備としての「営業費用」はさまざま存在し，それによって「営業利益」も異なることを確認しました。

　この検討に際して目的変数となるのは，「売上高」や「営業利益」です。したがって，「売上高」や「営業利益」を説明している箇所を精査する必要があります（図表5-4）。説明する内容が見つかれば，「売上高」や「営業利益」が増減する理由を直接言及しているので，その内容こそが因果関係を成立させる重要な要素です。

　本章でも氷菓を生産する製造業を例に考えてみましょう。仮に，氷菓の製造

業2社（A社とB社）を調査したところ，両社とも「売上高」が増加しているものの「営業利益」に注目すると，A社はB社ほど伸びていないとします。このとき，「売上高営業利益率」において，A社はB社を下回るでしょう。また，その理由として考えられるのは，A社がテレビ・コマーシャルを作成して，新商品を大々的に宣伝したからだとします。すると，広告宣伝に要した費用が計上されているはずで，それが営業費用増加の理由と考えられます。

　このことを整理すると，図表9-1のようになります。気温の上昇が氷菓の売上増加に影響し，A社の「売上高」ないし「営業収益」も増加する場合，気温の上昇が氷菓の売上に作用するという認識が生まれます。ただし，氷菓が売れる理由として「テレビ・コマーシャル」の影響も考えられますので，「売上高」ないし「営業収益」の増加に影響を与える要因を，気温の上昇以外でもう1つ発見できたということになります。とりわけ，「テレビ・コマーシャル」は販売費及び一般管理費の増加につながります。結果として「営業費用」の増加をもたらし，「売上高営業利益率」を低下させる要因になります。

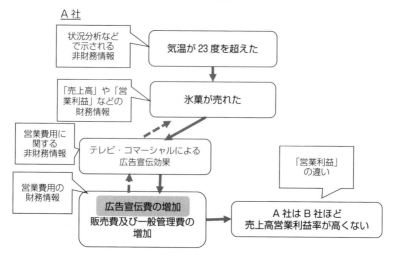

図表9-1■因果関係の整理1

　また，氷菓が売れた理由にテレビ・コマーシャルによる広告宣伝効果があり，それが氷菓の売上増加をもたらすことが確認できれば，両者は因果関係にとどまらず，相関関係としてみることもできそうです。同様に，テレビ・コマー

シャルの作成は販売費及び一般管理費の増加をもたらし，販売費及び一般管理費の増加要因の1つにテレビ・コマーシャルの作成があることは間違いないので，こちらも相関関係にあるとみることができそうです。

9-2 内部事情は管理できても外部事情は管理できません

　前述の内容は，氷菓を売るために必要な準備として，テレビ・コマーシャルの必要性を考える視点を示しています。仮に，気温上昇の影響が大きいほど，テレビ・コマーシャルは必要ないかもしれません。なぜなら，テレビ・コマーシャル作成に要した費用が生じることによって，同業他社よりも売上高営業利益率を低下させてしまうからです。一方で，企業間の競争が熾烈で，自社商品の特徴を顧客に広く知ってもらうためには，宣伝活動が不可欠になるでしょう。すると，A社の判断は妥当であり，一時的な売上高営業利益率の低下を問題視すべきではないと考えることができます。

　こうした，成果獲得のために必要な準備の最適化を考えるうえでは，「売上原価」と「販売費及び一般管理費」を別々に注目して，それぞれ費用が妥当であるかどうかを検討する必要があります。大切なのは，稼ぎ（「売上高」あるいは「営業収益」）や儲け（「営業利益」）に貢献できるか否かとなります。

9-3 店舗が増えると営業収益と営業費用のどちらも増加します

　企業が稼ぎ（収益）を増やすための準備（営業費用）をどのように推進するかは，業種や業態によって状況が違います。たとえば，チェーンストアを展開する小売企業のうち，直営の施設運営を軸とした多店舗展開をする企業の多くは，店舗を増やして「売上高」あるいは「営業収益」を大きくしていく志向をもっています。なぜなら，大量仕入による大量販売のメリットを生かすことができ，スケールメリットを享受できるほか，商品を供給する製造業に対し，価格等の交渉力を高めることができるからです。

69

第Ⅱ部　実践編

　こうした企業にとって，売上高の増加は店舗数の増加によって達成されることから，積極的に店舗を増やしながら，売上高を増やそうとします。しかし，直営の施設を増やす場合に土地や建物を取得する必要があるため，そのための資金を捻出する必要があるほか，取得した有形固定資産は価値が減少することを想定しなければなりません。その手続は「減価償却費」に示され，「減価償却費」は「販売費及び一般管理費」に分類されます。そのため，「減価償却費」の増加が営業費用に占める比率を高めることがあり，その影響は大きく「営業利益」にも反映されます。

　この場合，「減価償却費」の増加が「売上高営業利益率」の伸びを鈍化させる要因にもなるのですが（図表9-2），この方法を差別化要因としたチェーンストアなら，営業費用の増加はやむを得ません。むしろ，直営施設を核としたチェーンストアの場合，「売上高」や「営業利益」の増加は店舗数の増加と連動しているとみるのが妥当であり，それは「売上高営業利益率」の伸びの鈍化傾向によって確認できるともいえるのです。

図表9-2 ■因果関係の整理2

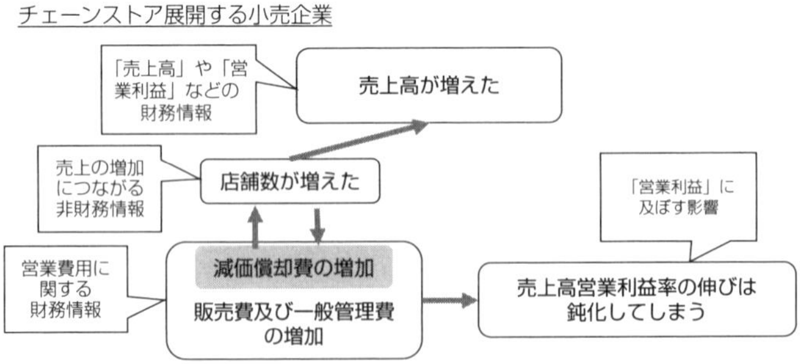

チェーンストア展開する小売企業

「売上高」や「営業利益」などの財務情報　→　売上高が増えた

売上の増加につながる非財務情報　→　店舗数が増えた

営業費用に関する財務情報　→　減価償却費の増加　販売費及び一般管理費の増加

「営業利益」に及ぼす影響　→　売上高営業利益率の伸びは鈍化してしまう

　ここで，店舗を増やしても「売上高営業利益率」の伸びが鈍らない方法はないでしょうか。直営施設を核としたチェーンストアの場合は，有形固定資産の所有を要因とした減価償却費の計上がありますが，それなら，①有形固定資産を所有しない方法を考えてみるのがよいといえます。あるいは，②直営施設でなくてよい店舗を増やす方法があってもよいわけです。

　①の実践方法に，土地や建物の賃借が挙げられます。自社所有にしないことで，本部の資産管理が容易になりますし，当然売上高営業利益率を高く誘導す

Chapter 9 分析の視点 基礎編②

ることができます。また，加盟店（フランチャイズ店）による多店舗展開が，②の対処法に該当するといえます。店舗はフランチャイズのオーナーが所有し，運営権を付与することで，加盟店に対して本部は，商品の供給のほか経営指導をしていきます。こうすることで，本部は商品の売上だけでなく，経営指導料を収入にすることができます。コンビニエンスストアなどは，こうしたビジネスモデルとなっていて，直営の施設を核としたチェーンストアとは異なる収益性を持っています。

　後掲の**図表10-13**にあるように，直営の施設を核としたチェーンストアの場合は，店舗数の増加と減価償却費や地代家賃，人件費などの増加は相関関係にありますから，販売費及び一般管理費の抑制は困難です。それに対し，加盟店展開のチェーンストアの場合は，店舗数の増加と販売費及び一般管理費の増加の相関関係は（減価償却費などの増加という問題が）ないといえます。すると，場合によっては販売費及び一般管理費の増加を嫌って直営の施設展開にしない企業の意思決定があっても不思議ではありません。こうした議論が繰り広げられるようになれば，経営分析はより本質的な議論へと昇華していきます。

9-4　管理しやすいものを特定した営業費用の抑制が有効です

　商品を提供する製造業の場合，新商品を頻繁に開発して販売することに積極的な企業と，定番商品を長く売り続ける企業に分類できます。こうした企業を比較した場合，前者ほど「売上高営業利益率」は悪くなっても不思議ではありません。

　これは，**図表9-3**のように，新商品を開発するための費用（「研究開発費」）が必要なほか，開発した新商品は市場浸透を図るために，広告宣伝する必要があるからです。ここにも費用（「広告宣伝費」）が生じ，ともに営業費用として計上されることから，仮に「売上高」あるいは「営業収益」が増えても，「売上高営業利益率」は鈍化しても不思議ではありません。

　もちろん，熾烈な企業間競争の環境下にある製造企業は，何の努力もせずに既存製品だけを売り続けることができるはずもありません。商品のイメージが

71

第Ⅱ部　実践編

図表 9 - 3 ■因果関係の構造 3

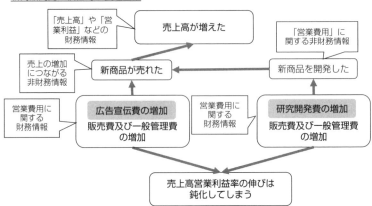

陳腐化しないように，既存の商品にも一定の広告宣伝の必要があります。また，商品の機能を進化させたり，成分について再検討し原材料の消費配分を変えたりする努力も必要ですから，既存商品を売り続ける企業にとっても，「広告宣伝費」や「研究開発費」は必要です。

> **Advanced Point**　経験曲線と製造原価低減の見通し
>
> 　経験曲線（エクスペリエンス・カーブ）をご存じでしょうか。経験曲線とは，累積生産量が増加するに従って，単位コストが減少するという経験法則を示した曲線のことをいいます。これは，商品の累積生産量が増えれば増えるほど，単位当たりの総コストが一定割合で減少することが経験的に知られているからであり，この関係を表した曲線のことを経験曲線といいます（**図表 9 - 4**）。
>
> 　同じ原材料を同じところから調達し続ければ，取引先は安定した収益獲得が見込めるため，売値を下げてくれることもあるでしょう。自社の生産工程を見直せば，製造原価を低減することもできるでしょう。こうした継続した改善活動を前提に，生産が継続されるほど，つまり累積生産量が増えるほど，1単位当たりの製造に要する費用は減少していくと考えられることが説明できます。

図表 9 - 4 ■経験曲線（エクスペリエンス・カーブ）

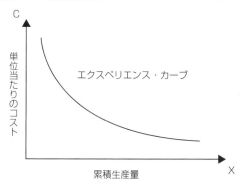

出所：筆者作成

　このことからも，既存の商品やサービスを売り続けるほうがコスト管理しやすいといえます。さて，積極進取で新商品を次々と開発する企業と既存の商品を長く提供し続ける企業のどちらの手法が望ましいといえるでしょうか。積極進取で新商品を次々と開発し続ける企業であれば，前述のネガティブな問題に何らかの対処が施されながら挑戦が繰り返されているでしょうし，既存の商品を長く提供し続ける企業なら，経験曲線が示す旨味を手中に収めつつも，既存の商品が陳腐化しないための方策が施されているでしょう。ここでも，これを象徴するマーケティング活動や戦略と合わせて考察することで，優れた分析が可能になるといえます。

第Ⅱ部　実践編

Chapter
10

分析事例　基礎編②

■本章の要点

✧　有報を精査すると，営業収益や営業費用の構造がわかり，具体的な理由に言及できます。

✧　他社と比較すれば事業構造や収益性の違いがビジネスモデルの違いがわかり，企業活動全体を検討の対象にできます。

これが理解できると…

◆営業収益や営業費用の構造の違いがわかります。

◆同業他社と比較して詳細に分析できるようになります。

　本章では，主に営業費用の分析を中心として，分析事例を紹介します。営業費用を売上原価と販売費及び一般管理費（販管費）に分類することでわかることがあります。

10-1　製造業の場合（その1）：数値を読み解くとユニークな発見があります

　はじめに，不二家とモロゾフに注目します。ここまでの段階で両社の売上高営業利益率をみると，**図表10-1**のように，直近の2021年は両社とも状況を好転させていますが，モロゾフの変化は著しいといえます。

　この背景に，各社のどのような努力があったといえるでしょうか。最初に，

74

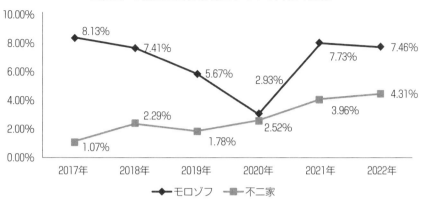

出所：両社有価証券報告書

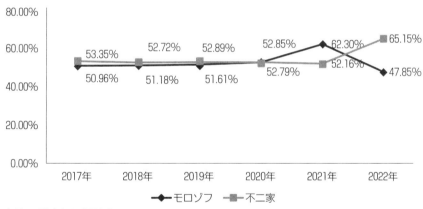

出所：両社有価証券報告書

　売上原価に注目しましょう。**図表10-2**は，売上原価率（「売上原価率」＝「売上原価」÷「売上高」）を求めて比較したものです。すると，2021年以前は，両社とも50〜53％で推移していたことがわかります。つまり，売上原価は一定で推移しており，きちんと原価管理されてきたことが理解できます。したがって，売上原価は営業利益の増減とは無関係だといえます。
　では，販管費はどのように推移してきたでしょうか。**図表10-3**は，売上高販管費率（「売上高販管費率」＝「販管費」÷「売上高」）を求めて比較したもの

第Ⅱ部　実践編

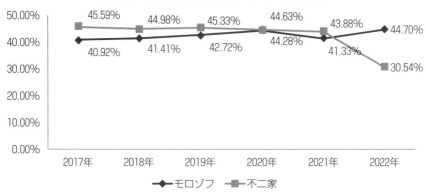

図表10-3　売上高販管費率でみる両社の比較

出所：両社有価証券報告書

です。すると，こちらは売上高営業利益率とおおむね逆相関となる増減がみてとれます。つまり，不二家とモロゾフはともに，売上高営業利益率の増加を，販管費の抑制によって達成する傾向にあったことが確認できます。

　さらに，販管費のうちどの勘定科目の金額が抑制できたのでしょうか。**図表10-4**にあるように，不二家は直近において販売促進費を大幅に減らしたことがわかります。ほかにも，構成比で増加しているものの実数で減価償却費が減少したほか，わずかですが地代家賃も減っています。つまり，固定資産を減らしたコスト削減を進めたため売上高営業利益率の改善につながったと考えられます（One Point 5）。

> **One Point 5**
> 　給料および手当は人件費ですが，製造業の場合は製造に携わる従業員の人件費はまず，製造原価に集計し，売上高に対応する金額が売上原価に計上され，販売活動に携わる従業員の人件費は販管費で計上されます。同一企業内の従業員であっても，業務によって計上する費用項目が異なるので，注意が必要です。また，業種によって売上高に占める人件費の比率は異なるため，付加価値あるいは限界利益に占める人件費の割合である労働分配率でその水準の妥当性を検討するほうがよいと考えますが，ここでは言及していません。

　一方モロゾフは，連結の対象に変化があるので正確に比較することはできま

せんが，販管費の構成比率において給料および手当を減らしており，計画的かつ効率的な生産体制の構築や，店舗人員体制の最適化などを進めているといえそうです。有価証券報告書に記載されている非財務情報は，こうした財務情報によって裏づけられるのです。

図表10- 4 ■販売費及び一般管理費の内訳（金額の単位：百万円）

	不二家				モロゾフ			
	2020年		2022年		2020年		2022年	
	金額	構成比	金額	構成比	金額	構成比	金額	構成比
運賃及び倉庫料	6,385	16.7%	6,445	26.9%	1,518	13.4%	1,624	16.3%
販売促進費	16,404	42.8%	543	2.3%	—	—	—	—
広告宣伝費	1,713	4.5%	2,590	10.8%	649	5.7%	—	—
販売手数料	—	—	—	—	—	—	2,839	28.5%
水道光熱費	442	1.2%	508	2.1%	120	1.1%	—	—
地代家賃	2,244	5.9%	2,215	9.2%	448	3.9%	—	—
給料および手当	8,691	22.7%	9,437	39.4%	4,732	41.6%	4,870	48.9%
賞与引当金繰入	208	0.5%	243	1.0%	153	1.3%	152	1.5%
退職給付費用	216	0.6%	206	0.9%	183	1.6%	142	1.4%
貸倒引当金繰入	20	0.1%	△51	-0.2%	1.4	0.0%	△23	-0.2%
減価償却費	1,124	2.9%	988	4.1%	279	2.5%	—	—
委託業務費	854	2.2%	858	3.6%	—	—	—	—
役員報酬	—	—	—	—	155	1.4%	—	—
福利厚生費	—	—	—	—	732	6.4%	—	—
旅費交通費	—	—	—	—	117	1.0%	—	—
消耗品費	—	—	—	—	748	6.6%	—	—
租税公課	—	—	—	—	154	1.4%	—	—
研究開発費	—	—	—	—	367	3.2%	359	3.6%
その他経費	—	—	—	—	1,013	8.9%	—	—

出所：両社有価証券報告書を基に筆者作成

10- 2　製品の製造原価の分析も可能です

　本章でここまでにとり上げた4社のうち，モロゾフと参天製薬は，有価証券報告書に製造原価明細書の記載がありました。この製造原価明細書に注目する

第Ⅱ部　実践編

と，売上原価に含まれる「当期製品製造原価」の内訳に迫ることもできます（**図表10-5，10-6，10-7**）。

図表10-5 ■損益計算書に記載されている「当期製品製造原価」（モロゾフの場合）

②【損益計算書】

（単位：千円）

	前事業年度 （自　2020年2月1日 至　2021年1月31日）	当事業年度 （自　2021年2月1日 至　2022年1月31日）
売上高	25,672,838	27,207,405
売上原価		
製品期首たな卸高	2,356,135	2,051,132
当期製品製造原価	12,698,363	13,124,690
当期製品仕入高	648,943	725,700
他勘定受入高	※1 16,751	※1 19,140
合計	15,720,193	15,920,663
他勘定振替高	※2 116,450	※2 95,233
製品期末たな卸高	2,051,132	1,874,771
売上原価合計	13,552,610	13,950,658
売上総利益	12,120,228	13,256,746
販売費及び一般管理費	※3．※4 11,368,894	※3．※4 11,243,905
営業利益	751,333	2,012,840

出所：同社有価証券報告書。点線の囲みは筆者

図表10-6 ■モロゾフの製造原価明細書

【製造原価明細書】

区分	注記 番号	前事業年度 （自　2020年2月1日 至　2021年1月31日）		当事業年度 （自　2021年2月1日 至　2022年1月31日）	
		金額（千円）	構成比（%）	金額（千円）	構成比（%）
Ⅰ　原材料費		8,264,318	64.8	8,653,086	66.0
Ⅱ　労務費		1,708,081	13.4	1,678,619	12.8
Ⅲ　経費	※2	2,780,638	21.8	2,775,796	21.2
当期総製造費用		12,753,039	100.0	13,107,502	100.0
期首仕掛品たな卸高		287,749		325,788	
合計		13,040,788		13,433,290	
他勘定への振替高	※3	16,636		11,981	
期末仕掛品たな卸高		325,788		296,618	
当期製品製造原価		12,698,363		13,124,690	

（注）1．原価計算の方法
　　総合原価計算を採用しております。なお，製品，仕掛品については期中は標準原価を用いて計算し，原価差額は半期毎に調整して売上原価とたな卸資産に配賦しております。

※2．主な内訳は次のとおりであります。

項目	前事業年度	当事業年度
外注加工費（千円）	1,117,119	1,155,544
減価償却費（千円）	543,612	519,387
運賃及び荷造費（千円）	347,479	375,670
水道光熱費（千円）	242,129	237,041

※3．他勘定への振替高の内訳は次のとおりであります。

項目	前事業年度	当事業年度
販売費及び一般管理費（千円）	16,636	11,770
仕掛品売却ほか（原価）（千円）	－	211
計（千円）	16,636	11,981

出所：同社有価証券報告書。点線の囲みは筆者

78

Chapter 10　分析事例　基礎編②

図表10-7　参天製薬の製造原価明細書

【製造原価明細書】

(単位：百万円)

区分	注記番号	前事業年度 (自　2021年4月1日 至　2022年3月31日)		当事業年度 (自　2022年4月1日 至　2023年3月31日)	
		金額（百万円）	構成比（%）	金額（百万円）	構成比（%）
Ⅰ　原材料費		11,243	52.4	12,518	54.9
Ⅱ　労務費		4,344	20.3	4,139	18.1
Ⅲ　経費	※2	5,860	27.3	6,170	27.0
当期総製造費用		21,447	100.0	22,827	100.0
期首仕掛品・ 半製品棚卸高		1,764		1,150	
合計		23,212		23,976	
期末仕掛品・ 半製品棚卸高	※3	1,150		1,405	
他勘定振替高	※4	3,463		3,419	
当期製品製造原価		18,599		19,152	

(注)　　1　原価計算の方法は、組別、工程別、総合原価計算を採用しています。
　　※2　経費のうち主なものは次のとおりです。

	前事業年度 (自　2021年4月1日 至　2022年3月31日)	当事業年度 (自　2022年4月1日 至　2023年3月31日)
減価償却費	1,443百万円	1,344百万円

　　※3　「期末仕掛品・半製品棚卸高」には、貸借対照表の「商品及び製品」のうち、次の期末半製品棚卸高が含まれています。

	前事業年度 (自　2021年4月1日 至　2022年3月31日)	当事業年度 (自　2022年4月1日 至　2023年3月31日)
期末半製品棚卸高	1,092百万円	1,357百万円

　　※4　試験研究用への払出などです。

出所：同社有価証券報告書

　製造原価明細書は，当期製品製造原価の内訳を示しているほか，当該企業が採用している原価計算制度の情報なども記載しています。したがって，仕掛品（製造を開始して原材料などを使用しつつも，完成に至っていない状態のもの）がどれくらい残されているかなどが，見て取れます。つまり，仕掛品の在庫の様子が把握できるほか，製品の製造に要した原材料費や労務費（人件費），経費などの内訳を知ることができます。

　図表10-6や**10-7**からもわかるように，製造原価明細書は，製品の製造原価に占める原材料費の割合などを明確に示しています。製品の特性を無視した製造原価の抑制はできないにせよ，どのような費目に多くの費用が生じているかを知ることができます。

79

第Ⅱ部　実践編

　また，採用されている原価計算制度から類推できることもあります。モロゾフ，参天製薬ともに総合原価計算制度が採用されていたわけですが，その場合，大量生産を前提とした生産ラインが存在していると考えることができます。大量生産は，市場での流通を予想した見込生産である一方，企業によっては，注文を受けてから生産する方式が採用されているケースもあります。その場合，個別原価計算が採用されていることがあり，個別原価計算が採用されている製造原価明細書を見ると，企業からの発注を受けて生産活動が行われる可能性に言及できます。

10-3　製造業の場合（その2）：製造原価の内訳もわかります

　第7章で注目した前田製作所と竹内製作所の売上高営業利益率は，**図表10-8**のとおりでした。この事例においても，営業費用を売上原価と販管費に分解した分析が有効です。

　特殊作業に用いる建設機械を製造している両社はともに，比較的大型の製品を取引先に供給しています。ただし，非財務情報を精読すると，前田製作所のほうがもともと在庫を保有する傾向にあったようですから，発注後の納期短縮

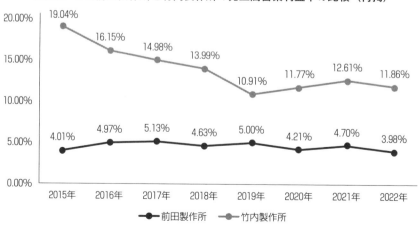

図表10-8　前田製作所と竹内製作所の売上高営業利益率の比較（再掲）

出所：両社有価証券報告書

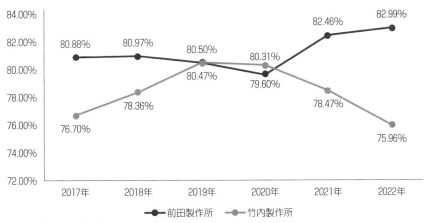

図表10-9 売上原価率でみる両社の比較

出所：両社有価証券報告書

を意識した取組みは進めやすいでしょう。**図表10-9**をみると，前田製作所の売上原価率は比較的一定で推移しています。これは，製品の製造原価が一定で推移するがゆえの理由であるとも考えることができ，売上原価率の高さが気になるものの，丁寧な在庫管理が推進されているのではないかという仮説を提示することができそうです。

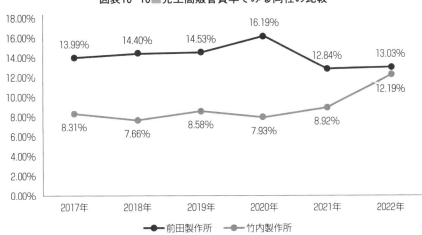

図表10-10 売上高販管費率でみる両社の比較

出所：両社有価証券報告書

第Ⅱ部　実践編

　一方で，2019～2020年の売上原価率は，前田製作所と竹内製作所が拮抗しています。すると，両社の売上高営業利益率の違いは，売上原価にあるのではなく，販管費にあると考えることができます。実際に売上高販管費率の推移をみると（**図表10-10**），竹内製作所は販管費率を増加させる傾向にありますが，前田製作所は微増傾向にとどまります。

　図表10-10からは，前田製作所にとって販管費の抑制が容易でないことが見て取れます。これは，竹内製作所の製品に比べ小型なので，受注生産体制をとることができないことと結びついているかもしれません。その結果，需給ギャップが埋まらないときに在庫過多となってしまいます。ただし，この状況はキャッシュ・フローを踏まえた考察が必要になり，分析を追加することで，売上高営業利益率が生じるメカニズムの詳細な検討が可能になります。

10-4　小売業の場合：戦略の違いが浮き彫りになります

　図表10-11にあるように，ファストフードとドラッグストアについて分析すると，ファストフードにおいては，マクドナルドがモスフードとは異なり優れた業績に達していました。そして，熾烈な競争関係にあるドラッグストアにおいては，売上高営業利益率は4～5％の周辺で推移しています。

　ファストフードとドラッグストアは業種が違うため，売上高営業利益率も違って不思議ではないのですが，ファストフードのマクドナルドの直近の売上高営業利益率は10％程度である一方で，モスフードは厳しい状況になっています。この違いをどのように理解すればよいでしょうか。

　この問いに対し，各社の店舗展開に注目します。一般に，ドラッグストアは本部が直営店の出店を全面的に推進します。土地や建物を取得あるいは賃貸して新店がオープンします。土地等を取得する場合，貸借対照表に資産（土地・建物等）として計上され，土地を除く有形固定資産は決算時に減価償却が行われます。すると，減価償却費が計上され，それは販管費に含まれます。つまり，直営店を中心に自社物件取得により，多店舗展開を推進する業態ほど，減価償却費の計上が不可避となり，販管費に一定以上を占めるといえます。

Chapter 10　分析事例　基礎編②

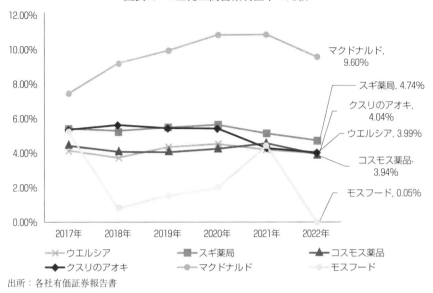

図表10-11　売上高営業利益率の比較

出所：各社有価証券報告書

図表10-12　マクドナルドとモスフードの直営店と加盟店の様子

	マクドナルド（2023年12月31日現在）		モスフード（2023年10月31日現在）	
	直営店	加盟店	直営店	加盟店
店舗数	859店	2,108店	43店	1,254店
比率	29%	71%	3%	97%

出所：各社有価証券報告書およびウェブページ

　また，賃貸の場合は，（現行会計基準では）土地，建物などの固定資産は増加しませんが，差入保証金などの投資その他の資産が計上され，損益計算書には地代家賃が計上されることになります。

　これは，ファストフードの実態と異なります。**図表10-12**は，ファストフード2社の直営店と加盟店の数や比率ですが，こちらは圧倒的に直営店の比率が低いことは明らかです。

　このように考えると，直営店中心の出店を加速させるドラッグストアは，営業費用に占める減価償却費の割合が高くなる傾向にあると予想されます。この仮説に基づいて，営業費用に占める減価償却費の割合をみると，**図表10-13**の

83

第Ⅱ部　実践編

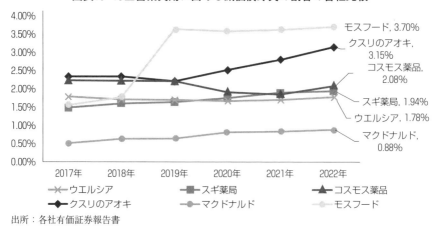

図表10-13■営業費用に占める減価償却費の割合の各社比較

出所：各社有価証券報告書

ような違いを確認できます。

　図表10-13をみると，クスリのアオキが増加傾向にあるものの，ドラッグストア各社は1〜2％台に集中しており，減価償却費が決して営業費用の多くを占めてはいないものの，1％を下回るマクドナルドとは異なっていることがわかります。そして，ファストフード2社にも違いがあり，直営店比率はモスフードのほうが低いにもかかわらず，営業費用に占める減価償却費の割合は高くなっており，加盟店に対しても特徴的な設備等の導入による費用が生じている可能性が考察できます。

　さまざまな仮説を検証するうえで，図表10-13は必ずしも十分な情報とはいえませんが，仮説を発見する手掛かりとなるほか，何らかの妥当性を検討する手段の1つになります。出店を加速する局面にあるドラッグストアは，減価償却費のような営業利益を下振れさせる要因があることを勘案して，売上高営業利益率を評価すべきだという考えが生まれます。

　なお，実際に出店を加速しようとすれば，必要な資金が手元になければ支払いが滞ってしまいます。つまり，設備を増やすための資金の獲得が十分でなければ，出店戦略は機能しません。ところが，売上高営業利益率だけでは資金の余裕度を説明できませんので，キャッシュ・フローの分析を加えなければ出店戦略の妥当性を確認できないといえます。

Chapter 10　分析事例　基礎編②

Advanced Point　新設直営店展開と減損損失

　直営店比率が明らかにマクドナルドよりも少なく，今回の分析対象の中でもっとも直営店の少ないであろうモスフードが，2020年以降減価償却費の比率が増えています。この現象は一体何を意味するのでしょうか。有報に注目すると，興味深い発見がありました。後掲の**図表10-16**にあるように，モスフードは2020年に大幅に直営店を増やしていることがわかります。また，それ以前から直営店舗を重視していて，帳簿価額は増加の一途ですから，減価償却費が増加するのは容易に理解できます。これを裏づけるように，同社2020年の有報の「設備投資等の概要」の記載を見ると，モスフード事業において「販売の強化及び出店戦略に基づく店舗の再配置のための店舗設備（新設直営店他）の取得と既存店の改装」が示されています（**図表10-14**）。これに係る設備投資金額は6,675百万円に上ることが示されていますから，設備投資が及ぶ範囲は直営店舗の建物や構築物の勘定科目に反映されるだけではないことがうかがえます。

図表10-14■モスフードの設備投資等の概要（2020年）

第3　【設備の状況】

1　【設備投資等の概要】
　　セグメントの設備投資について示すと，次のとおりであります。
（1）モスバーガー事業
　　当連結会計年度における主な内容は，**販売の強化及び出店戦略に基づく店舗の再配置のための店舗設備（新設直営店他）の取得と既存店の改装**並びに，国際財務報告基準を適用する子会社の会計方針の変更によるリースの借手に係る資産の増加（期首に認識したものを含む）によるものとなっております。
　　これに係る設備投資金額は6,675百万円であります。
　　なお，重要な設備の除却または売却はありません。

出所：同社有価証券報告書。下線は筆者

　また，直近の有報の「設備の新設，除却等の計画」をみると，今後の有形固定資産の増減の見通しまで議論することができます。**図表10-15**をみると，投資予定で大きな金額が計上されているものに，POSシステムの導入があります。これは何を意味しているのでしょうか。この情報だけで詳細な組織の意思決定まで理解することはできませんが，DX化を通じて，顧客属性データを含む販売データの精緻化・データ活用の迅速化・人手を介することなくデータ生成を行う省力化などを志向していることが考えられます。このように，関連する財務情報と非財務情報の組み合わせによりさまざまな理解を深めることができます。

85

第Ⅱ部　実践編

図表10-15■モスフードの設備の新設，除却等の計画（2021年）

3　【設備の新設、除却等の計画】

(1)　重要な設備の新設等

会社名	事業所名 (所在地)	セグメントの名称	設備の 内容	投資予定額 (単位：百万円)		資金調達 方法	着手及び完了予定年月	
				総額	既支払額		着手年月	完了年月
㈱モスフードサービス (提出会社)	五反野店 (東京都足立区)	国内モスバーガー 事業	直営店舗 (新設)	40	40	自己資金	2021年11月	2022年4月
㈱モスフードサービス (提出会社)	フォレスタ六甲店 (兵庫県神戸市)	国内モスバーガー 事業	直営店舗 (新設)	41	36	自己資金	2021年11月	2022年4月
㈱モスフードサービス (提出会社)	ＪＲ広島駅店 (広島県広島市)	国内モスバーガー 事業	直営店舗 (新設)	36	18	自己資金	2022年1月	2022年4月
㈱モスフードサービス (提出会社)	ラソラ札幌店 (北海道札幌市)	国内モスバーガー 事業	直営店舗 (新設)	27	4	自己資金	2021年12月	2022年4月
㈱モスフードサービス (提出会社)	西友清瀬店 (東京都清瀬市)	国内モスバーガー 事業	直営店舗 (新設)	33	0	自己資金	2022年2月	2022年6月
㈱モスフードサービス (提出会社)	新設 (埼玉県さいたま市)	国内モスバーガー 事業	直営店舗 (新設)	58	－	自己資金	2021年3月	2022年7月
㈱モスフードサービス (提出会社)	新設 (北海道岩見沢市)	国内モスバーガー 事業	直営店舗 (新設)	46	－	自己資金	2021年11月	2022年7月
㈱モスフードサービス (提出会社)	新設 (千葉県千葉市)	国内モスバーガー 事業	直営店舗 (新設)	36	－	自己資金	2022年3月	2022年8月
㈱モスフードサービス (提出会社)	新設 (神奈川県大和市)	国内モスバーガー 事業	直営店舗 (新設)	39	－	自己資金	2022年4月	2022年8月
㈱モスフードサービス (提出会社)	新設 (兵庫県神戸市)	国内モスバーガー 事業	直営店舗 (新設)	28	－	自己資金	2022年4月	2022年9月
㈱モスフードサービス (提出会社)	新設 (神奈川県横浜市)	国内モスバーガー 事業	直営店舗 (新設)	38	－	自己資金	2022年2月	2022年9月
㈱モスフードサービス (提出会社)	新設 (京都府宇治市)	国内モスバーガー 事業	直営店舗 (新設)	67	1	自己資金	2021年8月	2022年10月
㈱モスクレジット	本社 (東京都品川区)	その他の事業	POS システム	2,300	－	自己資金 及び借入	2022年4月	2023年3月
㈱モスクレジット	本社 (東京都品川区)	その他の事業	看板	710	－	自己資金	2022年4月	2023年3月
モスフード香港社	Yau Tong Aeon店 (香港)	海外事業	直営店舗 (新設)	34	－	自己資金	2022年2月	2022年4月
モスフード香港社	Kwug Tong YATA店 (香港)	海外事業	直営店舗 (新設)	35	－	自己資金	2022年1月	2022年5月

※　完了後の増加能力については、算定が困難であるため記載しておりません。

(2)　重要な設備の除却等

　　該当事項はありません。

(3)　重要な設備の売却等

　　該当事項はありません。

出所：同社有価証券報告書。点線の囲みは筆者

Chapter 10　分析事例　基礎編②

　いずれにせよ，減価償却費に注目することで，営業利益を増減させる影響の一部を考察できるのです。また，そこには組織の意思決定が反映されていますから，意思決定の有効性や妥当性すら説明できるようになります。営業費用はまさに，稼ぐために必要な準備であり，準備が十分に効果を生じているかが問われます。つまり，意思決定の妥当性を部分的に評価する方法としても，経営分析の意義を説明できるのです。

図表10-16■モスフードの直営店舗，貸与資産，共用資産の推移
 （減損損失を計上するもののみ）

直営店舗 (単位：百万円)

	所有の内訳	主な勘定科目	金額
2017年	提出会社21店舗，連結子会社 7 店舗	建物及び構築物，その他	291
2018年	提出会社26店舗，連結子会社 6 店舗	建物及び構築物，その他	396
2019年	提出会社20店舗，連結子会社 3 店舗	建物及び構築物，その他	434
2020年	提出会社50店舗，連結子会社 5 店舗	建物及び構築物，その他	1,062
2021年	提出会社16店舗，連結子会社 9 店舗	建物及び構築物，その他	236
2022年	（貸与資産，共用資産の区別なし） 国内 5 店舗，海外28店舗，その他飲食事業 2 店舗	建物及び構築物，その他	653

貸与資産 (単位：百万円)

	所有の内訳	主な勘定科目	金額
2017年	提出会社 2 物件	土地，その他	58
2018年	提出会社 1 物件	建物及び構築物，その他	5
2019年	提出会社 4 物件	建物及び構築物	34
2020年	提出会社 2 物件	建物及び構築物，その他	12
2021年	提出会社 1 物件	建物及び構築物，その他	5
2022年	※上記にまとめて記載		

共用資産 (単位：百万円)

	所有の内訳	主な勘定科目	金額
2017年			
2018年	記載なし		
2019年			
2020年	提出会社 1 事業	建物及び構造物，その他	6
2021年	記載なし		
2022年	※上記にまとめて記載		

出所：同社有価証券報告書

第Ⅱ部　実践編

　さらに，新設があれば除却もあり，大胆な出店戦略に伴う店舗の再配置は，店舗の資産価値の評価の修正を伴うことがあります。これを裏づけるのが，減損損失の推移です。**図表10-16**は，連結損益計算書の注記事項として記載されている内容をまとめたものです。ここでも，2020年の直営店舗の減損損失の金額が大きくなっていることが理解できます。

　ここまでの検討から，モスフードが多額の費用を計上して大胆な出店戦略を実行していることがわかります。同時に私たちは，企業のさまざまな挑戦を，費用の分析によって明らかにできるのです。

10-5　財務情報と非財務情報の関係から仮説を思考するのが大切です

　本章では，主に売上原価や販管費といった営業費用に注目しながら，それが営業利益にどう影響するかの分析事例をとり上げました。売上原価率や売上高販管費率といったスコアを用いた検討は，実際の金額を直視するだけでは気づかなかったさまざまな視点を提供してくれます。また，複数の企業をとり上げて比較することで，数値の変化を相対化して検討できるようになり，「なぜ減ったのか」「なぜ増えたのか」といった「なぜ」を発見できます。

　この「なぜ」が因果関係を求めた検討の推進力になるのであり，そのことを説明している非財務情報の発見に努めるだけでなく，減損損失や減価償却費といった個別の勘定科目が有する特性を理解すれば，その金額の動きに注目する機会がもたらされます。特に製造業の場合，有報に製造原価明細書が記載されているケースもあるため，製造原価の内訳に注目して，企業の細かなコスト削減の様子を確認することも可能です。

　本章で確認した分析の手法はいずれも，企業が公開している情報だけを用いた分析です。それだけに問題の解明には限界があり，分析によってあらゆる問題の答えが見つかるという性質のものではありません。

　しかし，たとえば営業費用は企業が稼ぐために要した準備ですから，そこには，何を準備したのかという組織の意思決定が反映されています。つまり，企業は何がしたくてどのような準備をして，その結果どのような成果に到達した

かを考える機会が生まれるのです。これこそが，経営分析を進める喜びでしょうし，意思決定の背景にある挑戦の姿勢を評価する機会となるのです。

こうした分析を推進するうえで大切なのは論理的な思考ですが，このほかに「仮説発見思考」があります。これは，前述の内容でたとえるならば，モスフードに対して生じた，次の疑問の部分です。「ドラスティックな直営店展開が始まるのでしょうか。あるいは，新システム導入による多店舗展開の新次元を目指しているのでしょうか。」ここでいう「ドラスティックな直営店展開が始まる」や「新システム導入による多店舗展開の新次元を目指している」は，いずれも仮説にすぎません。いうならば思いつきであり，思いついた段階では根拠が見当たりません。しかし，それまでの議論が「直営店を増やす企業は営業費用に占める減価償却費の割合が大きい」という見方だったので，この考え方の延長にモスフードを位置づけると，前述のような仮説を思いつくわけです。

そもそも「直営店を増やす企業は営業費用に占める減価償却費の割合が大きい」という見方すら仮説にすぎず，こちらの仮説でさえ確実に検証したとはいえません。あくまで，モスフードを除いたドラッグストアとマクドナルドの5社について因果関係を確認したにすぎないのです。しかし，この因果関係が妥当性をもち，そして一般化可能な見方だとすれば，モスフードの新展開を見通した考えは自然と生まれてきます。むしろ，「ドラスティックな直営店展開が始まる」や「新システム導入による多店舗展開の新次元を目指している」という仮説が検証できれば，この見方で企業経営を分析することの意義が生まれます。つまり，仮説の発見こそ経営分析を推進する原動力となり，検証のために必要な論理的思考を動員する契機となるのです。

ここまでの考え方が理解できれば，おそらく財務情報と非財務情報を結びつけるだけでは独自性の高い分析ができたという手応えが得られないと感じることでしょう。そして，仮説発見に貪欲になろうとする姿勢が見られることでしょう。財務情報が何を意味して，その裏づけはどのように発見できるのか。この思考を繰り返しながら，演繹的な推論を十分に行えば，企業の挑戦の多くが財務情報に示され，それがどのようにしてさまざまな意味をもつに至るのかを幅広く説明できるでしょう。

第Ⅱ部　実践編

Chapter 11　経営分析メソッド　応用編

■本章の要点

◇ 資金を確保したうえで、投資できる企業ならば、未来に向けた積極的な挑戦が期待できるため、キャッシュ・フローの分析は大切です。

◇ 売上高や営業利益とキャッシュ・フローをあわせてみることができれば、収益性の高い企業であるかに加え、未来が展望できる企業であるかどうかも議論できます。

これが理解できると…

◆キャッシュ・フローの変化が示す意味がわかります。
◆資金調達や投資から見通す企業の未来が説明できるようになります。

　前章までに「売上高」や「営業利益」に注目した企業活動の成果について検討してきました。本章以降では、さらに分析する視点を追加して、企業活動の成果についてより具体的な検討方法を解説します。

　「売上高」や「営業利益」は財務諸表に示されている財務情報のごく一部を扱っているにすぎません。すべて網羅することは難しくても、もう少し理解を深めることで、分析のリアリティを向上させていきます。

　本章で示すメソッドのねらいを端的に示せば、「サステナビリティ」です。具体的には、①企業活動の成果はどのような実態を伴うか、そして②企業は未来において成果を生み出せるか、です。何より、①と②はいずれも組織の意思決定を反映したものですから、本章までの内容を踏まえて検討すれば、意思決定の妥当性を議論できるようになります。

Chapter 11 経営分析メソッド 応用編

11-1 キャッシュ・フローに注目すると，資金の動きを読み解けます

　前述の目的のために注目するのは，キャッシュ・フロー計算書です。キャッシュ・フロー計算書とは，一会計期間におけるキャッシュ・フローの状況を一定の活動区分別に表示した計算書です。貸借対照表，損益計算書に続く第三の財務諸表という位置づけで，2000年3月期から金融商品取引法で開示が義務づけられています。

　しかし，その歴史は浅く，さらにキャッシュ・フロー計算書を作成する義務のある企業は上場企業などに限られていることから，貸借対照表と損益計算書だけが財務諸表であり，キャッシュ・フロー計算書に馴染みがない人がいても不思議ではありません。

　なお，有報を作成して公開している企業の多くはキャッシュ・フロー計算書の開示義務がありますので，有報をみてキャッシュ・フロー計算書に注目することはたやすくなっています。

　キャッシュ・フロー計算書は3つの区分で作成されています。具体的には，❶営業活動におけるキャッシュ・フロー（以下「営業CF」），❷投資活動におけるキャッシュ・フロー（以下「投資CF」），❸財務活動におけるキャッシュ・フロー（以下「財務CF」）です。❶〜❸については以降で詳述するとし，ここでは有報に記載されている箇所について，確認します。

　まず，有報の冒頭の「第1　企業の概況」「1　主要な経営指標等の推移」に，過去5年間の❶〜❸が確認できます（**図表11-1**）。

　また，「第5　経理の状況」の「1　連結財務諸表等」には「連結キャッシュ・フロー計算書」が示されています（**図表11-2**）。

　さらに，企業はキャッシュ・フローについての状況分析をまとめていて，これも有報で非財務情報を公開しています。閲覧する箇所は，「第2　事業の状況」「3　経営者による財政状態，経営成績及びキャッシュ・フローの状況の分析」で，こちらをあわせてみれば金額が示す内容を裏づける企業の説明が理解できます。

91

第Ⅱ部　実践編

図表11-1 ■企業の概況の記載例

第1 【企業の概況】

1 【主要な経営指標等の推移】

(1) 最近5連結会計年度に係る主要な経営指標等の推移

回次		第62期	第63期	第64期	第65期	第66期
決算年月		2019年3月	2020年3月	2021年3月	2022年3月	2023年3月
売上高	(百万円)	417,709	442,220	487,189	514,029	541,824
経常利益	(百万円)	17,488	19,629	22,211	23,290	25,597
親会社株主に帰属する 当期純利益	(百万円)	11,798	12,458	14,593	15,382	15,849
包括利益	(百万円)	11,668	12,430	15,259	15,711	16,029
純資産額	(百万円)	94,055	104,037	116,625	128,828	141,613
総資産額	(百万円)	224,315	244,511	269,121	305,997	318,231
1株当たり純資産額	(円)	2,422.24	2,679.23	3,003.15	3,317.02	3,644.95
1株当たり当期純利益	(円)	303.86	320.85	375.81	396.08	407.99
潜在株式調整後 1株当たり当期純利益	(円)	－	305.44	353.07	372.04	383.17
自己資本比率	(%)	41.9	42.5	43.3	42.1	44.5
自己資本利益率	(%)	13.2	12.6	13.2	12.5	11.7
株価収益率	(倍)	17.9	20.8	18.1	16.8	16.9
営業活動による キャッシュ・フロー	(百万円)	22,970	29,218	26,896	30,525	33,276
投資活動による キャッシュ・フロー	(百万円)	△16,431	△21,992	△23,345	△46,909	△10,516
財務活動による キャッシュ・フロー	(百万円)	△5,715	1,418	4,191	15,571	△8,251
現金及び現金同等物 の期末残高	(百万円)	15,693	24,338	32,080	31,268	45,777
従業員数 (ほか、平均臨時雇用者数)	(名)	3,453 (11,319)	3,613 (11,628)	3,804 (12,251)	4,022 (12,922)	4,174 (13,118)

出所：2022年 有価証券報告書（ヤオコー）。網かけは筆者

　なお，現行の企業内容開示制度は連結が基本であり，キャッシュ・フロー計算書も連結ベースで作成されます（ただし，子会社等がないといった理由で連結財務諸表を作成しない場合は，個別企業のキャッシュ・フロー計算書を作成します）。企業が公開している財務諸表だけで分析を進めようとする場合には，連動してみようとする「売上高」や「営業利益」も連結のものを使用せざるを得ません。これが，本書が「売上高」や「営業利益」に着目するときから連結を前提に説明してきた理由であり，有報に記載されている財務情報をさまざま結びつけて

Chapter 11　経営分析メソッド　応用編

図表11-2 ■連結キャッシュ・フロー計算書の記載例

④【連結キャッシュ・フロー計算書】

（単位：百万円）

	前連結会計年度 （自 2021年4月1日 至 2022年3月31日）	当連結会計年度 （自 2022年4月1日 至 2023年3月31日）
営業活動によるキャッシュ・フロー		
税金等調整前当期純利益	22,376	23,479
減価償却費	11,250	12,128
減損失	693	739
のれん償却額	1,015	-
役員退職慰労引当金の増減額（△は減少）	3	2
執行役員退職慰労引当金の増減額（△は減少）	2	△7
株式給付引当金の増減額（△は減少）	543	360
役員株式給付引当金の増減額（△は減少）	△18	29
退職給付に係る負債の増減額（△は減少）	306	300
受取利息及び受取配当金	△113	△119
支払利息	896	959
持分法による投資損益（△は益）	154	△164
固定資産売却損益（△は益）	5	1,287
固定資産除却損	151	84
売上債権の増減額（△は増加）	△1,210	△352
棚卸資産の増減額（△は増加）	△1,053	△631
仕入債務の増減額（△は減少）	2,754	1,224
未払又は未収消費税等の増減額	△803	2,063
その他	1,625	806
小計	38,580	42,190
利息及び配当金の受取額	24	67
利息の支払額	△873	△944
法人税等の支払額	△7,205	△8,036
営業活動によるキャッシュ・フロー	30,525	33,276
投資活動によるキャッシュ・フロー		
有形固定資産の取得による支出	△38,826	△19,672
有形固定資産の売却による収入	7	12,740
無形固定資産の取得による支出	△902	△1,111
投資有価証券の売却及び償還による収入	-	0
関係会社株式の取得による支出	△5,656	-
貸付けによる支出	△400	△500
差入保証金の差入による支出	△2,293	△2,192
差入保証金の回収による収入	1,068	783
その他	93	△563
投資活動によるキャッシュ・フロー	△46,909	△10,516
財務活動によるキャッシュ・フロー		
長期借入れによる収入	32,000	-
長期借入金の返済による支出	△12,639	△4,671
自己株式の取得による支出	△174	△1
自己株式の売却による収入	177	23
配当金の支払額	△3,530	△3,316
リース債務の返済による支出	△261	△286
財務活動によるキャッシュ・フロー	15,571	△8,251
現金及び現金同等物の増減額（△は減少）	△811	14,508
現金及び現金同等物の期首残高	32,080	31,268
現金及び現金同等物の期末残高	※1 31,268	※1 45,777

出所：2022年 有価証券報告書（ヤオコー）。濃い網かけは筆者

93

第Ⅱ部　実践編

検討しようとする際には，前提として連結ベースのものを活用したほうが，結果として汎用性の高い議論が可能になるといえます。

11-2　企業経営に必要な資金の検討も分析の対象です

　本書では，「売上高」と「営業利益」に注目しており，すでに企業活動によって「営業費用」を上回る収益が獲得できているかを確認する方法を学びました。それだけで，十分に企業が利益を生み出しているかを確認できますが，仮に「売上高」を計上していても，対価の受領を後回しにしている場合，企業は対価が未回収になっていることも考えられます。簿記を学習している人であれば，現金の受領を後回しにするときの取引には「売掛金」という勘定科目を用いて仕訳することを知っているはずです。この「売掛金」の金額が大きいほど，企業は「売上高」を計上していても，現金が十分に獲得できていないことになります。これが原因で原材料の調達ができなかったり，売りたい商品を仕入れることができないことも，不思議ではありません。商品やサービスを売る実力はあっても，それを用意できなくなってしまうのです。こうした事態が恒常化すれば，もっとも深刻な場合は，企業は黒字なのに倒産してしまいます。

　このような問題は，損益計算書だけに注目していると気づけません。なぜなら「売掛金」は資産科目ですから，貸借対照表に記載されています。同じような勘定科目に「受取手形」もあり，これら「売上債権」の増加は，資金の未回収を意味します。同様に「棚卸資産」の増加も資金の未回収を意味します。

　これは「仕入債務」でもいえることです。製造業を営む企業が原材料を調達する際，あるいは卸売業や小売業が商品を仕入れる場合，代金を後で支払う契約によって調達するのが一般的です。その仕入から代金支払いまでの間の勘定科目が「買掛金」や「支払手形」です。これら「買入債務」の増加は，資金の未払を意味します。

　あらゆる企業は営業活動を継続するうえで資金が必要であり，資金を獲得・確保できていなければ，資金繰りに行き詰まるといえます。キャッシュ・フロー計算書は，企業活動を3つに区分し，区分ごとあるいは区分相互間の

Chapter 11　経営分析メソッド　応用編

キャッシュの状況を判断するための情報を提供します。

11-3　営業キャッシュ・フロー：営業活動から資金をみる視点です

　営業CFは，本業である営業活動によって資金が適切に獲得できているかを示すものです。このため，この区分がマイナスということは，本業でのキャッシュ創出能力がないことを意味しますので，3期連続赤字の場合は，財務CF等で資金を調達できていないと，倒産のリスクが高まります。

　前述したように，「営業利益」が増加しても，「売上債権」が増えてしまうと資金は獲得できませんし，「仕入債務」が増えれば資金確保の観点では有利になります。この「売上債権+棚卸資産−買入債務」は運転資金の増減として，間接法の場合，税引前当期純利益から運転資金増減を加減し，非資金費用（損益計算書では費用となるが資金支出がないもの）である減価償却費などを加算し，営業CFが算出されます。すなわち，営業CFの水準は，

① 収益性のよし悪し　→　当期純利益
② 運転資金の増減

で決まるといえるでしょう。

11-4　投資キャッシュ・フロー：投資活動から資金をみる視点です

　一般に，企業がより活動を拡大しようとすれば，生産設備を拡張してその規模を大きくすることもあるでしょうし，子会社等を設立したり，合併や買収（M&A）により，他企業の株式を取得することもあるでしょう。これらが，投資CFです。一般に投資CFは，設備投資や関係会社投資などのM&Aに関する支出であり，経営者が将来に対してどのような布石を打っているのかを明らかにするものです。営業CFが獲得できてこそ，さまざまな投資活動が成立しま

95

第Ⅱ部　実践編

すが，大規模な投資だと獲得した営業CFでは賄いきれないこともあり，他から資金調達します。なお，他からの資金調達は，財務CFにあらわれます。

　なお，本書を通じて企業は収益獲得のためにさまざまな準備をしていることを理解してきました。製造業を営む企業が工場を新設した場合，未稼働の工場は収益を生みませんが，投資CFにはそのために投じた支出が反映されます。事業活動を拡大しようと，企業を買収した場合も同じです。買収した企業の業績は「売上高」に反映されていませんが，連結後は買収した企業の業績も自社グループの業績に反映されます。つまり，むしろ，未来の収益獲得に向けた準備も含まれることから，投資CFの内実を精査すれば，現在から未来に向けて，どのような成長を志向しているのかを読み解く手段になるのです。企業がどのような未来を展望しているのか，また，そのためにどのような行動を実行しているかを読み解くカギが投資CFにはあり，企業の意思決定に迫る分析が可能になるといえます。

11-5　フリー・キャッシュ・フロー：企業が使うことのできる資金をみる視点です

　これまでの説明から，企業は活動を継続するために営業CFを獲得し，一方で投資CFは企業活動の未来を展望するのに役立つことがわかりました。また，営業CFと投資CFのバランスにより，どれくらいの資金が残されているのかを把握できます。これを示すのがフリー・キャッシュ・フロー（以下「フリーCF」）であり，本書では，以下の等式でフリーCFを計算する方式を採用して説明していきます。

フリーCF　＝　営業CF　＋　投資CF

　フリーCFがプラスなら，資金獲得ができている状態を指し，マイナスなら資金が不足している状態を指します。まずは営業CFをしっかりとプラスにすることが重要で，その範囲内で投資CFが推進されていれば，フリーCFもプラ

Chapter 11 経営分析メソッド 応用編

スとなります。逆の場合は，積極的な投資が行われている状況を示しているものの，そのマイナスを埋めるのは，増資によるか，新規の借入を行うか，手持ち資金を取り崩すかしかありません。これらは財務CFです。つまり，資金調達に問題ないかをここで検討することが重要になります。

　一方で，資金獲得が脆弱な企業であれば，積極的な投資活動は期待できません。むしろ，本社オフィスや工場，店舗を売却して資金を増やす努力が必要な場合があります。その場合，投資CFをプラスにして不足する営業CFを補い，フリーCFをプラスにする努力も見られます。

　フリーCFは実質的な資金繰りの状態を示すものであり，その金額がプラスで推移しなければ，企業活動の継続は困難です。したがって，フリーCFが安定してプラスで推移している場合，企業活動の継続にはゆとりがあるとみることができるでしょうし，より一層の発展に向けた投資活動があってもよいとみることができます。反対に，フリーCFがたびたびマイナスとなっている場合，企業は資金繰りに腐心しているとみることができます。この場合，何が原因で行き詰まっているのか，どのような意思決定によって状況を打開しようとしているのかに関心を向ける必要があるといえます。

11-6 財務キャッシュ・フロー：資金の調達をみる視点です

　ここまでの説明から，フリーCFがマイナスとなっている場合，資金が不足しているといえます。一般に，資金の不足を補うために，企業は借入などを行います。反対に，フリーCFがプラスで推移している場合，資金の確保は問題ありませんから，借入などを減らすことができます。このように，企業は金融機関との関係を通じて借入などを増減させながら，企業活動を継続させます。この様子を確認する指標として有効なのが，財務CFです。財務CFには，借入金の増加や返済，社債の発行や償還，増資，そして配当金の支払いなどの状況が反映されます。財務CFがプラスなら，借入などを増やして対応している状況を指し，ポジティブにみると資金調達を積極的に行っているといえます。ネガティブにみれば，借入などを増やしながら資金を獲得しようとしているとも

97

第Ⅱ部　実践編

みることができます。

　一般に，フリー CFがプラスなら，財務CFはマイナスで推移するでしょう。なぜなら，資金が十分に獲得されていて，金融機関等からの借入に依存しなくてよい状態にあると考えられるからです。逆に，フリー CFがマイナスなら財務CFはプラスになるでしょう。企業活動を継続させようとすると，どうしても資金が必要です。必要な資金を確保するために，借入などが行われていて，それは財務CFがプラスであることで裏づけられます。つまり，フリー CFと財務CFは逆相関の状態なのが普通であり，ある意味では逆相関が保持できていれば正常な企業経営が継続しているという分析が成り立ちます。

　深刻なのは，資金がないのに借入などができない状態です。こうなると，企業は既存の固定資産を売却する必要があるでしょうし，企業活動を縮小するなどの対応を余儀なくされます。その場合，フリー CFはマイナス，財務CFもマイナスとなっています。この状態が続く場合，企業はどのような困難に直面しているのかについて考えなければなりません。

Chapter
12 分析の視点　応用編

■**本章の要点**

✧ キャッシュ・フローの分析を加えることで，複雑な因果関係，相関関係に議論が及ぶことになり，より構造的な経営分析が可能になります。

✧ さまざまな財務情報と非財務情報を結びつけて検討することで，企業の実態をより正確に理解することができ，同時に意思決定による成果や今後の展望にも検討が及ぶようになります。

これが理解できると…

◆何を見たら何が理解できるのかがわかります。

◆財務情報と非財務情報を結びつけて構造的に理解できるようになります。

　前章では「営業CF」「投資CF」「フリー CF」「財務CF」の金額が示す意味を，おおまかに把握できましたが，それぞれの金額はどのような根拠によって生じているのかを確認する必要があります。

　さらに，こうした内実は，「売上高」や「営業利益」にどのような影響を与えているのでしょうか。関係の有無を確認する必要があるでしょうし，どのように関係しているのか，あるいは，なぜ無関係なのかが説明できれば，いよいよ企業活動の構造的な理解につながります。本章では，より複雑な構造を読み解く視点について理解を深めます。

第Ⅱ部　実践編

12-1　影響を与えて効果をもたらす要因の発見が大切です

　まず,「営業CF」「投資CF」「財務CF」を説明している箇所の精査から始めます。そこには「営業CF」「投資CF」「財務CF」が増減する理由が記載されているので,その内容こそが,因果関係を成立させる重要な要素です（**図表12-1**）。

図表12-1 ■因果関係の構造1

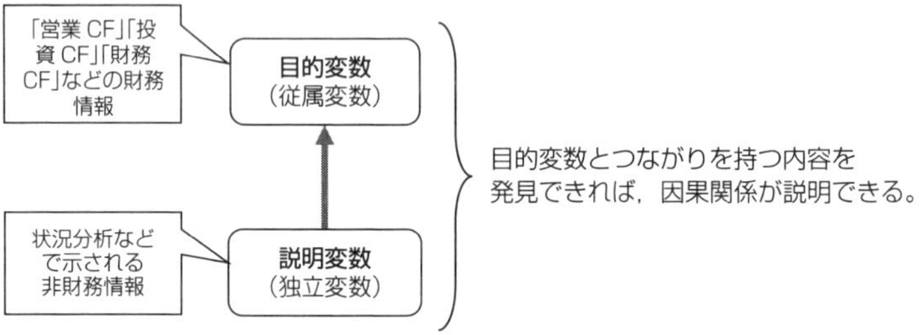

　この点については,有報の「第2　事業の状況」「3　経営者による財政状態,経営成績及びキャッシュ・フローの状況の分析」に記載があります。したがって,まずはキャッシュ・フローの状況分析の記述を精査し,有効な説明変数を抽出することが求められます。

　また,有報の他の箇所に手がかりを得ようとする場合,**図表12-2**に注目するとよいでしょう。

図表12-2 ■経営成績を説明するための視点が提供されている箇所（再掲）

大項目名		小項目名	参照するメリット
第2　事業の状況	1	経営方針,経営環境及び対処すべき課題等	成果獲得に向けた企業の姿勢
	2	事業等のリスク	成果獲得が難しい理由
	4	経営上の重要な契約等	取引関係や戦略を規定する要因

　たとえば「営業CFが減少した」理由として「売上債権が増加した」ことが説明されている場合,「売掛金」や「受取手形」の金額の推移に目を向けることができます。それとともに,なぜ「売上債権が増加した」のかを考えていか

なければなりません。このことを因果関係の構造に示すと，**図表12-3**のような，2段階に及ぶ因果関係の解明が必要になります。

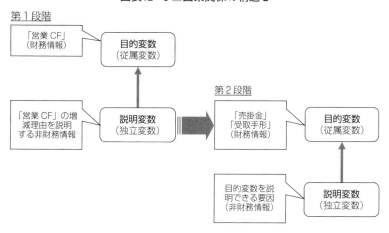

図表12-3 ■因果関係の構造2

図表12-3にあるように，第1段階となる因果関係の解明に向けて有報を精査する必要があります。これは，比較的スムーズに取り組むことができるはずです。また，仮に「売上債権が増加した」ことが理由である場合，連結貸借対照表を精査すれば，「売掛金」や「受取手形」の金額の推移を見ればよいことになります。これも手間を惜しまなければ，スムーズに作業できます。ただし，「売上債権」が増加した理由を明らかにするには，どうしたらよいでしょうか。さすがに，第2段階の説明変数を発見するのは，難しいに違いありません。企業は有報を作成し公開することで，利害関係者（ステークホルダー）に情報を提供し，可能な限り詳細な説明が行われていますが，私たちがさまざま関心を持つすべてを網羅しているわけではありません。有報以外の公開されている資料に目を通したり，場合によっては，当該企業が属する業界に特有の商慣習がないか調べる必要があるでしょう。

第Ⅱ部　実践編

12-2　収益や利益の獲得の構造的な説明が大切です

　私たちは，企業がどのようにして収益を生もうとしているのか知ろうとしています。仮に，「売上高」の増加要因に掛取引があるとしたら，それは営業CFに反映されるほか，なぜ「売掛金」が計上されたのかについても根拠があるはずです。この考え方を図示したものが，**図表12-4**です。さまざまな財務情報と紐づく非財務情報が存在するほか，そこには財務情報を裏づける財務情報も発見できます。これらが因果関係として結びつく場合，その構造はかなり複雑になります。しかし，構造全体を見れば，取引全体で収益をもたらしているのが明らかなほか，取引の事情を反映した判断があるとみることができます。

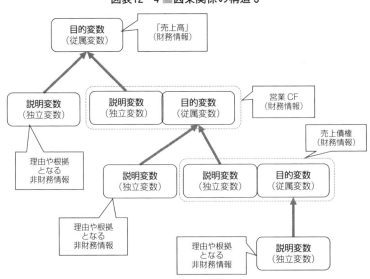

図表12-4　因果関係の構造3

12-3　投資から未来の収益が考察できると戦略が読み解けます

　このほか，企業が将来の収益を増やそうとすれば，何らかの追加の準備が必要になります。ここでいう追加の準備とは，商品を生産する企業（製造業）な

ら工場や生産設備を更新したり拡張することであり，商品やサービスを届けるしくみとして機能する流通を担う企業（卸売業や小売業）なら，店舗を増やしたり配送網を拡張したりするでしょう。こうした追加の準備は投資であり，投資CFに金額として示されます。また，投資が行われ追加した施設が稼働するようになれば，その成果は収益に反映されると考えます。

追加の準備は，子会社株式や企業買収といった投資のかたちによっても示されます。販路のない地域に対し，実績豊富な企業を買収したり，子会社にして一体的な企業経営を実現することによっても，やはり成果はのちの収益に反映されることが予想されます。こうした見方は，複数の会計期間にわたって情報収集することで見通せるようになります（図表12-5）。

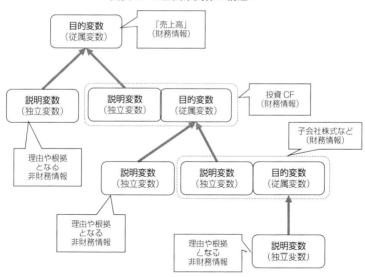

図表12-5 ■因果関係の構造4

12-4　企業活動の構造的な理解が経営分析のカギになります

このように考えると，「売上高」の理由をさまざまな視点から説明できます。因果関係を紐解くと，いくつもの切り口で現象を認識できるといえ，それはすなわち，さまざまな要因によって現象が存在していることを意味しています。

第Ⅱ部　実践編

　また，ここまでの説明はあくまで企業が公開した情報を精査することで成立する分析手法ばかりですが，決して断片的あるいは偏向的との批判に屈しない見方が確立できます。こうした妥当性の高い分析を実現するためには，「売上高」や「営業利益」を直接説明する非財務情報だけ注視しても明らかにならなかった，目的変数を説明するあらゆる要因の関係や構造に関心を向けることが重要だといえます。

　仮に，因果関係の解明を単純化するために，「売上高」や「営業利益」だけに注目する段階から分析の範囲を限定して非財務情報を抽出すると，独自の発見は何も生まれません。手早く有報の記載内容をまとめることはできますが，それこそ，企業が公表している状況分析を鵜呑みにし，追認しているにすぎなくなってしまいます。これでは，「売上高」や「営業利益」の増減の背景にある，関係や構造までを説明したことになりません。

　ところが，キャッシュ・フローの視点を追加して検討を重ねると，異なる切り口から因果関係の説明ができる可能性が広がります。何より，因果関係の解明に向けた思考の構造が多段階になります。複雑性は増すものの，説明変数が増えるので，構造的な見方ができるようになるのです。

　すると，今度はいくつもの切り口から見える視点をどのようにまとめるかが問われます。その際，何をどのように，そして論理的に説明できるかどうかがカギとなります。本書が示す経営分析メソッドがユニークなのは，因果関係の検討に必要な目的変数について「売上高」「営業利益」を頂点としているほか，続く目的変数を「営業CF」「投資CF」「財務CF」に絞ることで，論理的な思考の構造をパターン化しやすくしているところです。こうした工夫によって，企業活動の成果が生まれるしくみを構造的に捉えようとしているので，さまざまな企業を経営分析の対象にしながら経験をつめば，誰でも論理的な思考の次元を格段に高めることができます。

Chapter 12　分析の視点　応用編

12-5　操作可能な要因をどれくらい活かしているかが
　　　　　問われています

　ここで論理的思考に基づく理解を整理してみましょう。これまでの内容から，説明変数は目的変数に影響を与えていることが確認できます。表現を変えれば，説明変数は目的変数に作用しているわけです。あるいは，目的変数は説明変数の影響を受けています。この認識が正しいとき，目的変数によい影響を与える説明変数は操作の対象になります。なぜなら，説明変数の影響が大きいほど，目的変数は説明変数を要因として成立することになります。

　ここで，これまでに例としてとり上げた「氷菓が売れる」をめぐる因果関係と相関関係を思い出してみましょう（**図表12-6**）。「氷菓が売れる」要因はあらゆる理由が考えられます。「気温が23度を超える」もあれば「氷菓が話題になる」も考えられますが，最も影響力が大きいものが「気温が23度を超える」であれば，企業はこれを最も念頭に置きながら，商品の供給体制を構築するでしょう。つまり，強い因果関係を企業は無視できないばかりか，強い因果関係に基づいた対応を構築するようになると考えることができます。

図表12-6■因果関係と相関関係の違い（再掲）

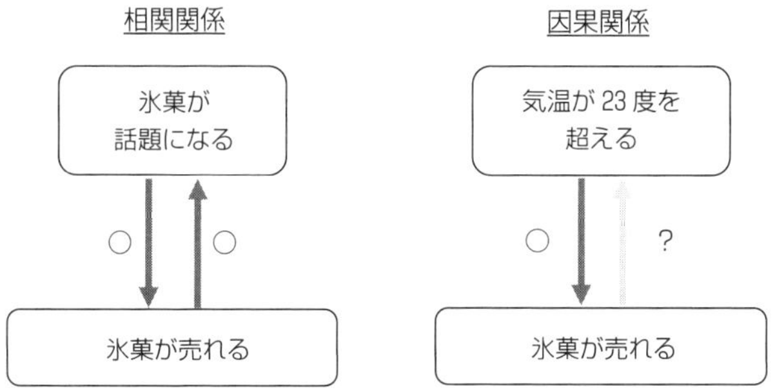

相関関係

氷菓が
話題になる

○　　○

氷菓が売れる

因果関係

気温が23度を
超える

○　　？

氷菓が売れる

　また，氷菓を売りたい企業にとって，「気温が23度を超える」ことは無視できませんが，気候変動を操作することはできません。しかしながら，「氷菓が話題になる」のは広告宣伝の効果であると断定できるのであれば，こちらは操作が可能です。つまり，因果関係を解明するだけでも企業活動を分析するため

105

第Ⅱ部　実践編

には大きな意味を持ちますが，相関関係が発見できれば，そこを操作しようとする企業の意思や行動を発見できます。

　一方で，「氷菓が売れる」ことを想定すれば，商品の供給量を増やす必要があります。その際取引先には便宜を図ることも必要ですが，仮に「売上高」を大きく見せようとして「売上債権」を増加させたのであれば，恣意的な行為は避けるべきと批判したほうがよいかもしれません。一般に，掛取引は商品の供給を優先させる，取引先に対する便宜を図る手段であり，利害を調整する手段として認識されます。しかしながらそれが恣意的であれば，肯定すべきではありません。さて，どちらの見方が正しいでしょうか。こうした検討も大切であり，これを正確に検討するためにも，目的変数と説明変数との関係が，因果関係にとどまるのか相関関係が成立するのかで考えることが大切です。

12-6　操作可能な変数の特定と操作化こそ組織の戦略的な活動です

　さて，これらにすべてつながりがある場合，どのように考えることができるでしょうか。図で示すと，**図表12-7**のようになります。

　「気温が23度を超える」と「氷菓が売れ」るようになっています。そのとき同時に，企業が広告宣伝活動を通じて「氷菓が話題になる」ことを仕掛けていたら，それも「氷菓が売れる」理由として考えられます。さらにこうした状況を想定して，店頭に多くの商品が提供されるように，対価の獲得より商品の供給を優先していれば，それも「氷菓が売れる」理由として考えられます。

　ここで，「氷菓が売れる」理由とは何かを整理すれば，①「気温が23度を超え」たから，②「氷菓が話題」になったから，③「対価獲得より商品の提供を優先した」から，の3つが考えられます。①から③のいずれもが理由として妥当かもしれませんが，もっとも影響力が大きかったのは①から③のどれか？と考えることが大切です。あるいは，①から③に因果関係があるかや企業は何を基準に①から③の優先順位をつけ，どのような認識に基づいて何を行動することが大切なのかを考えることも，企業の意思決定を考えるうえで重要です。

図表12-7 ■要素間関係と構造

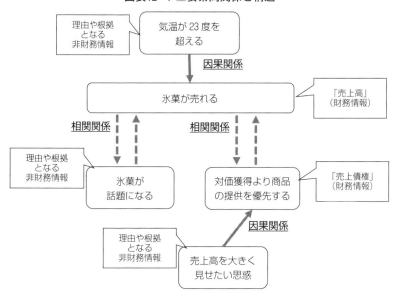

　さらに，企業にとって操作が可能な要因は上手に操作することで，よりよく成果に到達できるでしょう。たとえば，「氷菓が話題」になる広告宣伝活動と「氷菓が売れる」ことに相関関係があれば，「気温が23度を超える」時期を予想して，そのタイミングで「氷菓が話題」になる広告宣伝活動をするのが適切でしょう。つまり，相関関係が発見できれば操作の対象を特定しやすくなり，企業は目的に直接作用する方法を決めて実行します。こうした取組みを整理したものが，現在ではマーケティング活動や戦略として認識されています。

　一方で，「氷菓が売れる」ことが成果となる企業の場合，その裏側には「売上高を大きく見せたい」という恣意性が作用している可能性が含まれているかもしれません。それは，需要の変動性と円滑な取引関係を維持するうえで大切な判断だという見方もできますが，恣意性が利害調整にとどまらなければ，不当な商品供給の反動が生じることもあるでしょうし，資金不足に追い込まれてしまうかもしれません。企業間の取引関係は継続しますから，バランス感覚が問われます。これも，経営分析を進める過程で検討する重要な部分になります。

第Ⅱ部　実践編

12-7　優れた仮説を発見して妥当性の高い考え方に到達すること が経営分析を通じて考えられるようになります

　ここまでの考え方ができれば，財務情報がもつ意味をさまざま説明できるようになります。有報に記載されている非財務情報を参考にしながら，ほかの財務情報や非財務情報も加えて構造的な見方を確立することで，考え方の妥当性を高めることができます。因果関係や相関関係に目を向け，企業は何を操作しようとしているのかを考えれば，マーケティング活動や戦略を読み解くきっかけにもなります。こうして，企業は計画的に，あるいは段階的に成果を達成しようとしていることが理解できるほか，そこにはいくつもの準備が存在し，創意工夫されていることがわかります。

　あらゆる行為に意味があり，そこにはメリット以外の要因も存在しています。そこでは，何をどう組み合わせて実行することが効果的なのかが，よく考えられているでしょう。最適な方法が採用されているものもあれば，リスクを回避することが優先されているものもあるでしょう。経営が行き詰まらないための対応策がとられていることに，意味がある場合もあるでしょう。要するに，さまざまな判断の集合によって，財務情報に示される企業活動の成果が生まれているのです。それを踏まえて企業活動を分析し評価できれば，妥当性の高い見解をもつことができます。

108

Chapter 13 分析事例 応用編

■本章の要点

◇ これまで以上に財務情報と非財務情報を幅広く結びつけて検討できれば，費用や収益に結びつく資産，負債を特定できます。すなわち，損益計算書だけでなく貸借対照表の内容との有機的な理解が生まれます。

◇ 分析の視点を増やしながら同業他社と比較すれば，ビジネスモデルや戦略の違いを浮き彫りにできます。こうして経営分析は企業経営へと関心を広げることができます。

これが理解できると…

◆収益や費用の要因となる副次的な財務情報，非財務情報がわかります。
◆自由自在に経営分析ができるようになります。

　本書のメソッドのねらいは企業の持続的成長の度合いの判断の基礎を得ることにあるわけですが，これをどのように読み解いていくことができるでしょうか。具体的には，①企業活動の成果はどのような実態を伴うか，そして，②企業は未来において成果を生み出せるかを検討するものであり，①への注目を営業CFに，②への注目を投資CFに求めながら，それぞれをどのように分析できるのかが問われます。一般に，営業CFは多いほうが企業に必要な資金獲得に成功していることを意味しますが，実際には投資CFに充てた残りが活用できる資金になります。すると，営業CFを確保する観点が求められるものの，資金獲得を重視することによって投資CFを抑制したのでは，企業の成長を妨げる結果を招きかねません。企業はどのような創意工夫によりこれらを推移させ

第Ⅱ部　実践編

ているのでしょうか。本章では，事例を用いて検討します。

なお，本章では前述した事例が登場します。ぜひ，これらの章の内容も参照しながらお読みください。

13-1　製造業の場合：組織の意思決定を読み解くと優れた分析になります

はじめに，不二家とモロゾフに注目します。ここまでの分析から，モロゾフと不二家は両社ともに販管費の抑制によってパンデミックの影響を巧みに乗り切ったことを確認しました。こうした経営状況を資金獲得の面からみると，どう理解できるでしょうか。

改革を進める不二家

図表13-1は，不二家のキャッシュ・フローの推移の経緯をまとめたものです。直近の2020年や2021年は営業CFが投資CFを上回っていることが，フリーCFの推移から読み取れます。財務CFがマイナスで推移していますので，金融機関からある程度の借入はあるものの，企業活動を継続するために必要な資金を確保して企業活動できていることが理解できます。売上高や営業利益に変動

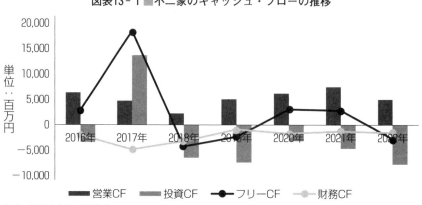

図表13-1　不二家のキャッシュ・フローの推移

出所：同社有価証券報告書

Chapter 13　分析事例　応用編

はあったものの，キャッシュ・フローの推移からはパンデミックの影響を読み取れないくらい安定しているといえます。

　ただし，2017年の投資CFに特異な動きがあり，その後2年間はフリーCFがマイナスで推移しています。何があったのでしょうか。2017年の有報には「有形固定資産の売却」との説明があるので，その内実に迫るべく，「主要な設備の状況」が2016年と2017年でどれくらい違いがあるのかに注目します。

図表13- 2 ■不二家の主要な設備の状況の推移（2016, 2017, 2019, 2022年の比較）

(1)　提出会社の設備状況

事業所名	セグメント名	設備の内容	帳簿価額（単位：百万円）			
			2016年	2017年	2019年	2022年
野木工場（栃木県）	洋菓子事業	洋菓子生産設備	1,091	1,113	1,495	1,297
埼玉工場（埼玉県）	洋菓子事業	洋菓子生産設備	1,396	1,387	1,423	1,332
泉佐野工場（大阪府）	洋菓子事業	洋菓子生産設備	1,046	1,031	930	737
吉野ヶ里工場（佐賀県）	洋菓子事業	洋菓子生産設備	675	711	712	699
山形工場（山形県）	洋菓子事業	洋菓子生産設備	－	－	－	219
平塚工場（神奈川県）	製菓事業	製菓生産設備	2,319	2,292	2,419	2,291
秦野工場（神奈川県）	製菓事業	製菓生産設備	2,212	2,321	3,510	5,430
富士裾野工場（静岡県）	製菓事業	製菓生産設備	3,141	3,164	4,039	3,676
直営店	洋菓子事業	洋菓子販売店舗	823	748	51	442
本社	会社統括業務	統括業務施設	508	446	1,309	717

(2)　国内子会社

事業所名	セグメント名	設備の内容	帳簿価額（単位：百万円）			
			2016年	2017年	2019年	2022年
㈱不二家フードサービス ※2021年7月に㈱不二家に吸収合併	洋菓子事業	洋菓子販売店舗	386	199	244	－
㈱ダロワイヨジャポン	洋菓子事業	洋菓子販売店舗	233	155	32	38
不二家サンヨー㈱ ※2019年3月に不二家飲料果実㈱に社名変更 ※2022年9月に㈱不二家福島に社名変更	製菓事業	飲料生産設備	143	145	384	317
不二家乳業㈱	製菓事業	乳製品生産設備	241	278	230	245
㈱不二家東北 ※2021年10月に㈱不二家に吸収合併	洋菓子事業	洋菓子生産設備 洋菓子販売店舗	117	145	119	－
㈱スイートガーデン ※2021年4月に㈱不二家神戸に社名変更	洋菓子事業	洋菓子生産設備 洋菓子販売店舗	993	982	918	873
日本食材㈱ ※2022年1月から連結子会社に	製菓事業	製菓生産設備	－	－	－	1,985

出所：同社有価証券報告書

111

第Ⅱ部　実践編

　すると，**図表13-2**にあるように，提出会社の設備状況に大きな変化はありませんが，国内子会社において，㈱不二家フードサービスおよび㈱ダロワイヨジャポンの帳簿価額の顕著な減少が確認できます。このことから，洋菓子販売店舗の減少が想定され，競争力があり収益性の高い店舗に資源を集中させる取組みが進んでいると考えることができます。当時，売上高および営業利益に減少は見られませんでしたが，その後営業CFが回復するまでのあいだの資金確保が芳しくない状況になったことと，店舗の減少は少なからず影響があると考えることができます。

　ただし，不二家は金融機関等からの借入を減らす経営が続いています。これは，フリーCFがプラス，財務CFがマイナスで推移していることによって確認できます。2018年と2019年はフリーCFがマイナスで推移していましたが，2017年のフリーCFの実績を活かしたからでしょうか，財務CFがプラスに転じることはありませんでした。この様子から，不二家の堅実経営の姿勢が確認できるといえます。

　さらに，投資CFのポジティブな側面に注目します。顕著な投資CFのマイナスは，企業の未来を展望する機会をもたらします。不二家の場合，2018年以降では2019年の投資CFの値が顕著ですが，その内実を確認すると，有報には「有形固定資産の取得」とあります。そこであらためて，2019年の主要な設備の状況に注目します（**図表13-2**）。すると，提出会社の設備の状況においては，秦野工場および富士裾野工場の帳簿価額の増加がみられ，製菓事業の拡充が意識されていることがわかります。国内子会社は，洋菓子販売事業において，㈱不二家フードサービスの拡充が見られますが，それ以上に不二家サンヨー㈱（現・不二家飲料果実㈱）の拡充も顕著です。

　こうした諸側面からは，洋菓子事業における収益性の改善に加え，競争力強化に資金を投じようとする姿だけでなく，製菓事業における生産体制の強化を重視していることがわかります。不二家は洋菓子事業を存続させながらも，主に製菓事業において競争力を高めようとしています。この改革が2020年以降の営業CFの増加をもたらし，フリーCFをプラスで推移させる原動力になっているとすれば，意思決定の妥当性を確認できそうです。ただし，2022年にかけて連結の対象に変更があったほか吸収合併による各事業の再構築が行われており，

2022年は弱い営業CFに対し投資CFが大きくなったため、フリーCFはマイナスに転じました。一連の分析を通じて、不二家は資金繰りを確保しながら企業活動を継続している様子が読み取れます。

強みを磨くモロゾフ

こうした不二家の状況に対し、モロゾフのキャッシュ・フローにはどのような特徴がみられるでしょうか。こちらは、2019年に営業CFが大幅に減少していますが、フリーCFが一貫してプラスで推移するなど、上手に資金を確保し続けているといえます（**図表13-3**）。

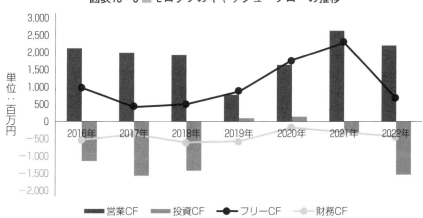

図表13-3 モロゾフのキャッシュ・フローの推移

出所：同社有価証券報告書

モロゾフの場合、2017年や2018年に特徴的な投資が行われているにもかかわらず、その成果が必ずしも直後の営業CFには反映されていません。この理由はどのようなものでしょうか。

図表13-4，**13-5**から、2017年および2018年にかけて、建物や機械及び装置、そして工具、器具及び備品の増加がみられ、それは主に西神工場への投資ではないかという見当をつけることができます。ほかにも、直営・準直営売店について、店舗数が減少するにもかかわらず帳簿価額が増加していることを考えれば、競争力向上を企図した投資が行われていることがわかります。また、2017年は無形固定資産（ソフトウェア）の帳簿価額が大きく増加しており、オ

第Ⅱ部　実践編

ンライン販売を強化しようとする姿勢も見受けられます。

図表13-4 ■モロゾフの有形資産等明細表の推移 （2016～2022年の比較）

※2022年は連結損益計算書より

勘定科目	帳簿価額（単位：百万円）						
	2016年	2017年	2018年	2019年	2020年	2021年	2022年
有形固定資産							
建物	6,430	7,064	7,127	7,278	7,240	7,202	7,919
構築物	471	474	475	475	479	479	
機械及び装置	6,106	6,285	6,645	6,998	6,939	6,996	7,187
車両運搬具	27	33	33	31	31	31	
工具，器具及び備品	2,870	2,845	2,917	3,018	2,840	2,845	2,910
土地	3,234	3,234	3,234	3,234	3,234	3,234	3,645
建設仮勘定	31	163	157	95	−	3	2
無形固定資産							
電話加入権	33	33	33	33	34	34	
商標権	1	1	1	1	1	1	85
施設利用権	4	4	2	3	3	3	
ソフトウェア	212	252	209	234	228	218	55

出所：同社有価証券報告書

図表13-5 ■モロゾフの主要な設備の状況の推移 （2016～2022年の比較）

事業所名	セグメントの名称	設備の内容	帳簿価額（単位：百万円）						
			2016年	2017年	2018年	2019年	2020年	2021年	2022年
西神工場（兵庫県）	洋菓子製造販売事業	干菓子，洋生菓子生産設備	3,109	3,541	3,664	3,870	3,912	3,604	3,391
六甲アイランド工場（兵庫県）	洋菓子製造販売事業	干菓子，洋生菓子生産設備	1,359	1,347	1,342	1,364	1,350	1,312	1,270
船橋工場（千葉県）	洋菓子製造販売事業	洋生菓子生産設備	811	796	780	791	789	798	916
六甲アイランドオフィス（兵庫県）	洋菓子製造販売事業，全社（共通）	本社業務施設	341	329	328	324	298	278	313
御影オフィス（兵庫県）	洋菓子製造販売事業，喫茶・レストラン事業	販売設備，研修設備	168	164	163	161	165	163	162
直営・準直営売店	洋菓子製造販売事業	店舗設備	495 (190か所)	480 (181か所)	525 (182か所)	639 (182か所)	564 (176か所)	475 (167か所)	440 (172か所)
喫茶・レストラン店舗	喫茶・レストラン事業	店舗設備	77 (31か所)	125 (33か所)	113 (31か所)	251 (30か所)	63 (28か所)	74 (28か所)	103 (28か所)

出所：同社有価証券報告書

114

Chapter 13　分析事例　応用編

One Point 6

　図表13- 5 中の「喫茶・レストラン店舗」が2019年から2020年にかけて大幅に帳簿価額を減らしていることについて，2020年の有報に，喫茶店舗 4 件の資産について減損損失を計上しているという記載があります（第91期決算，48頁）。それによると，「営業損失が悪化している資産グループおよび遊休資産については，帳簿価額を回収可能価額まで減額し，当該減少額を減損損失（152,531千円）として特別損失に計上しております。減損損失の内訳は，建物136,492千円，その他16,039千円であります」とのことで（第91期決算，48頁），有形固定資産の価値を大幅に修正したことが理解できます。

　なお，減損損失を計上してもそれは非資金費用であるため営業CFのプラスになるとともに，資産除去債務の履行があれば，投資CFのマイナスになります。

Advanced Point　事業承継を背景としたM&A

　なお，モロゾフは2020年 3 月16日に，洋菓子製造・販売を手がける鎌倉ニュージャーマンの事業を譲り受け（One Point 7），4 月 1 日に完全子会社化すると発表しました。有報によれば，鎌倉ニュージャーマンを子会社化する際に，400百万円で株式を取得し，同時に600百万円の資金の貸付を行ったことが記載されていますが，その時期の投資CFに大きな特徴がなく，投資CFを見るだけでは，この事実を見逃してしまうおそれがあります。

　これは，株式の取得が行われていても，同額かそれ以上の資産の売却があれば，投資CFでみると相殺されてしまうためです。当該年度である2020年の有報をみると，建物，機械及び装置，工具，器具及び備品の帳簿価額が大幅に減少しており，それは直営・準直営売店および喫茶・レストラン店舗の大幅な減少と連動しています。つまり，鎌倉ニュージャーマンの完全子会社化と既存店舗の大幅な減少の時期が重なったことで，投資CFからはそれぞれの動きが見えにくくなってしまったのです。パンデミックの影響を受ける中で進められた不採算店の閉鎖と同時に，首都圏における事業拡大の契機となる鎌倉ニュージャーマンの子会社化が推進されたモロゾフは，ようやくパンデミック前の営業CFに回復するようになりました。

　モロゾフのキャッシュ・フローの推移をみると，フリー CFが一貫してプラスで推移し，財務CFは常にマイナスで推移していますから，資金の確保が上手くいっていて，企業経営の手堅さすら感じるわけですが，2017〜2018年の投資CFからは，同社の強みを生かした事業活動への転換を試みる挑戦が見受けられるほか，2019〜2020年の投資CFには，大胆な不採算店の閉鎖などを行う一方で，首都圏の事業拡大の契機となる子会社株式の取得がありました。パンデミックの影響から売上高や営業利益のダメージも大きかったわけですが，同社にとっては，社会の変化に対応

第Ⅱ部　実践編

し得る新たな提案を求めた挑戦の過程にあり，企業活動を継続するために必要な資金の獲得が確実に維持されたことで，同社の挑戦は継続することができるのです。

One Point 7

　株式会社鎌倉ニュージャーマンは1968年創業の老舗で，一時は50店規模に拡大しましたが，近年は事業が低迷していたようです。

　しかし，モロゾフの完全子会社になってからも，以前からの看板商品の生菓子「かまくらカスター」（1個税別130円）は継続販売するほか，常温で日持ちする「かまくらミニ」（8個入り同1,300円），「かまくらボーロ」（1個同70円）などを新たに揃えています。日持ちのよさを生かし，観光客らの土産物の需要を取り込むねらいをもっています（日本経済新聞，2020年11月12日）。

　このように，キャッシュ・フローの分析を加えると，企業が有する資産への言及によって，企業の挑戦に必要なさまざまな準備の様子に迫ることができます。因果関係によって説明できる内容を豊富にして，連動する現象を読み解くことができれば，企業経営の実際を詳細に理解することができます。

13-2　小売業の場合（その1）：さまざまな因果関係を想定すると成長の加速が説明できます

　キャッシュ・フローに注目することは，小売業の各社を分析するうえでも有効です。ここでは，これまでに分析したドラッグストアに注目します。最初に，2022年売上高営業利益率を比較すると，**図表13-6**のようにスギ薬局とほか3社に違いが生じていますが，2020年ごろまでは，スギ薬局とクスリのアオキ，それに対しるウエルシアとコスモス薬品というように，各社の状況は大きく2つに分類できました。

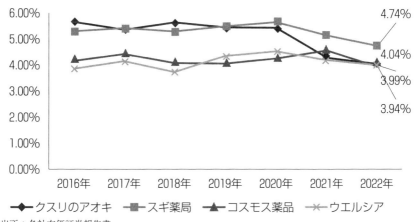

図表13-6 ドラッグストア4社の売上高営業利益率の推移（再掲）

出所：各社有価証券報告書

熾烈な出店競争

　この分類に基づき，最初にやや劣勢だったコスモス薬品とウエルシアに注目します。まず，両社の店舗数の推移を比較すると，両社ともに，調査した7年間で1.6〜1.8倍の店舗数に到達していることがわかります（**図表13-7**）。

図表13-7 コスモス薬品とウエルシアの店舗数の推移

	コスモス薬品		ウエルシア	
	店舗数	指数	店舗数（国内）	指数
2016年	827	100	1,532	100
2017年	912	110	1,687	110
2018年	993	120	1,874	122
2019年	1,058	128	2,005	131
2020年	1,130	137	2,217	145
2021年	1,244	150	2,468	161
2022年	1,358	164	2,763	180

出所：各社決算短信および決算説明会資料

　両社ともに店舗数を増やしてスケールメリットを享受しようとしていることが理解できますし，同時にドラッグストア業界における市場シェア拡大による影響力の増大を意識していることが理解できます。

第Ⅱ部　実践編

　こうした動向を反映するのが投資CFであり，投資CFがマイナスで推移している場合，それは新規出店を継続していると考えられます。ただし，投資を継続するためには，企業が経営を継続できるだけの資金を保持する必要があります。この資金獲得の状況が確認できるのが，営業CFです。また，営業CFが投資CFを上回っている場合にフリーCFがプラスで推移します。このフリーCF

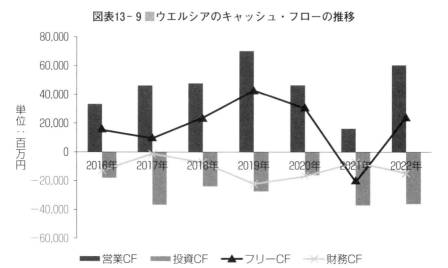

図表13-8　コスモス薬品のキャッシュ・フローの推移

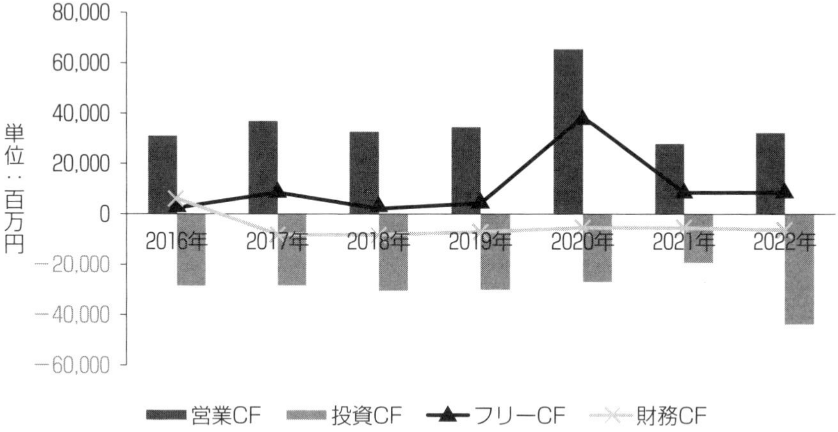

出所：同社有価証券報告書

図表13-9　ウエルシアのキャッシュ・フローの推移

出所：同社有価証券報告書

がプラスで推移していれば，自前で企業経営を維持するための資金を獲得できていることを表します。

　コスモス薬品のキャッシュ・フローの推移を示したのが**図表13‒8**であり，ウエルシアのキャッシュ・フローの推移を示したのが**図表13‒9**です。両社ともおおむねフリーCFがプラスで推移し，財務CFがマイナスで推移していますので，金融機関等からの借入を増やす様子はみられません。自己資本での運営が意識されているといえそうです。つまり両社とも，企業経営を継続するための資金獲得が可能な範囲での計画的な出店が継続しているといえます。

　ただし，ウエルシアのほうがフリーCFのスコアがよく，コスモス薬品はフリーCFのプラスをギリギリで維持し続けているようでもあり，コスモス薬品のほうが限りある資金を最大限に生かした出店姿勢のように感じられます。**図表13‒7**にあるように，コスモス薬品よりウエルシアのほうが実数と指数ともに店舗増が著しいですが，コスモス薬品は既存の小売企業を支配下に収め，店舗を改装するなどして店舗数を増やすのではなく，同社独自のフォーマットに基づく直接投資によって店舗を増やしています。これを計画的に推進しているためか，投資CFが一定で推移している点に特徴があります。

出店戦略の違い

　もう一方のスギ薬局とクスリのアオキには，どのような違いがあるでしょうか。最初に，コスモス薬品やウエルシアと同じく，店舗数の推移に注目します

図表13‒10　スギ薬局とクスリのアオキの店舗数の推移

	スギ薬局		クスリのアオキ	
	店舗数	指数	店舗数	指数
2016年	996	100	318	100
2017年	1,048	105	386	121
2018年	1,105	111	458	144
2019年	1,190	119	541	170
2020年	1,287	129	630	198
2021年	1,391	140	733	231
2022年	1,585	159	903	284

出所：各社有価証券報告書およびデータブック

第Ⅱ部　実践編

(図表13-10)。

　スギ薬局，クスリのアオキともに前の2社と同様に，店舗数を増加させていることが明らかとなります。この結果からも，ドラッグストアが店舗数を増やしながら影響力を強めていることが鮮明になっていますが，スギ薬局の店舗数

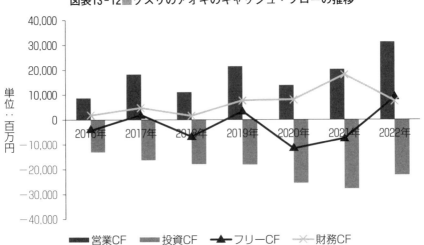

図表13-11　スギ薬局のキャッシュ・フローの推移

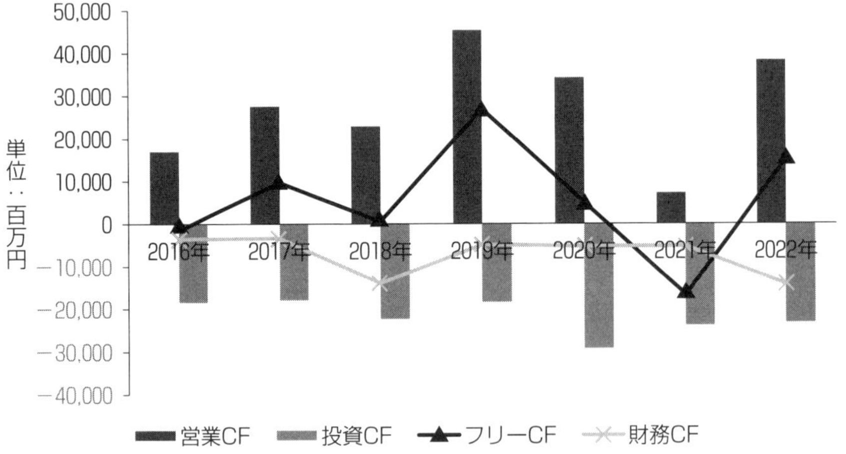

出所：同社有価証券報告書

図表13-12　クスリのアオキのキャッシュ・フローの推移

出所：同社有価証券報告書

の増加ペースがコスモス薬品やウエルシアより緩やかな一方で，クスリのアオキはほか3社を上回る驚異的な出店数の増加がみられます。

さて，出店に慎重なスギ薬局と積極的な出店増を推進するクスリのアオキには，どのようなキャッシュ・フローの推移の違いがみられるでしょうか。**図表13-11**はスギ薬局のキャッシュ・フローの推移が，**図表13-12**はクスリのアオキのキャッシュ・フローの推移が示されています。

スギ薬局とクスリのアオキの違いは，フリーCFにありそうです。スギ薬局が比較的プラスで推移するのに対し，クスリのアオキはゼロないしマイナスとなる場合が少なくありません。フリーCFの恒常的なマイナスは企業活動を継続するための資金が不足しがちになることを意味しており，クスリのアオキは金融機関からの借入で，それを補っています。これを裏づけるのが財務CFであり，スギ薬局がマイナスで推移しているのに対し，クスリのアオキはプラスで推移しています。有報にもこのことが記載されており，同社は資金の不足を借入で補ってもなお，出店増を続けようとしています。

Advanced Point　異業種をM&Aする企業のねらい

クスリのアオキに特徴的な点は，積極的な企業買収にあります。自前での出店増だけでなく，積極的な株式の取得による現地企業の子会社化による店舗増も含まれるため，驚異的な店舗の増加が実現しているのです。具体的には，2020年に食品スーパーを運営するナルックス，京都府北部で多店舗展開するフクヤを相次いで子会社化しました。2021年にも食品スーパーのサン・フラワー・マリヤマを吸収合併したほか，一二三屋の株式を取得し吸収合併しました。さらに，スーパーマルモを分割会社とする会社分割（吸収分割）により，クスリのアオキの子会社であるナルックスにスーパーマルモのスーパーマーケット事業等に関する権利義務等を継承させる吸収分割契約を締結しました（One Point 8）。

2020年以降のクスリのアオキの投資CFには，こうした食品スーパーを傘下に収める取組みが反映されています。同社はこうした挑戦によって，ドラッグストアのヘルス＆ビューティーや日用品と，食品スーパーならではの生鮮の品揃えを組み合わせることで，業態の垣根を超えた店舗展開を強みにしようとしており，顧客の来店頻度の向上を企図した新たなマーチャンダイジングによって，顧客利便の高い店舗作りに繋げようとしています。

121

第Ⅱ部　実践編

One Point 8

　株式会社ナルックス（本社：石川県金沢市）は金沢市内で５店舗を運営する食品スーパーで，新鮮でおいしい食品にこだわり，創業以来地域住民に支持される企業でした。株式の取得により子会社化することで，食品スーパーの持つ新鮮な食材の品揃えとドラッグストアの持つヘルス＆ビューティー，日用品の品揃えを組み合わせることができます。これによって，お互いの強みを生かした，さらに買物のしやすい店舗への改装が進展しています。

　株式会社フクヤ（本社：京都府宮津市）も食品スーパーで，８店舗を展開する地域密着型の企業でした。株式の取得によって子会社化することで，京都北部地区のドミナントを強化するなどのねらいをもっています。

　有限会社サン・フラワー・マリヤマ（本社：石川県輪島市）は，石川県能登地方で８店舗の食品スーパーを展開する企業です。

　株式会社一二三屋（本社：福島県いわき市）は，福島県いわき地方で食品スーパー４店舗を展開する企業です。

　株式会社スーパーマルモ（本社：茨城県土浦市）は，茨城県土浦市を中心に食品スーパー７店舗，飲食店２店舗，その他総菜加工センター事業，精肉センター事業を展開する企業です。

　キャッシュ・フローの推移から出店戦略を考察すると，クスリのアオキが野心的に見えるかもしれませんし，スギ薬局は堅実的だとして，好対照に感じるかもしれません。また，金融機関からの借入によって資金を追加するかたちでの店舗増はリスクがあると考える人もいるでしょう。しかし，店舗数で４社をみると，相対的にはクスリのアオキが最も少ない状態にあります。したがって，競争力のある形態の店舗であるほど，出店可能な地域が多く残されていることになります。何より，売上高営業利益率が同業他社より高水準なのですから，競合する他社の店舗が近隣にあっても，出店による勝機は高いと判断できます。これこそが，現在のクスリのアオキの躍進の原動力といえるでしょうし，売上高や営業利益，そして売上高営業利益率の分析だけでは認識できない部分を，キャッシュ・フローの分析は浮き彫りにしてくれるのです。

Chapter 13 分析事例 応用編

13-3　小売業の場合（その2）：説明変数が企業の成長要因を読み解くカギになります

　ドラッグストアの多くは直営店展開であるがゆえに，出店増は有形固定資産の増加をもたらし，減価償却費などの営業費用の増加を免れません。より高い

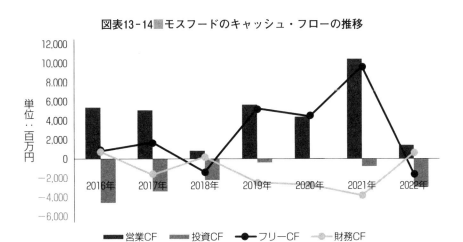

図表13-13　マクドナルドとモスフードの売上高営業利益率の推移（再掲）

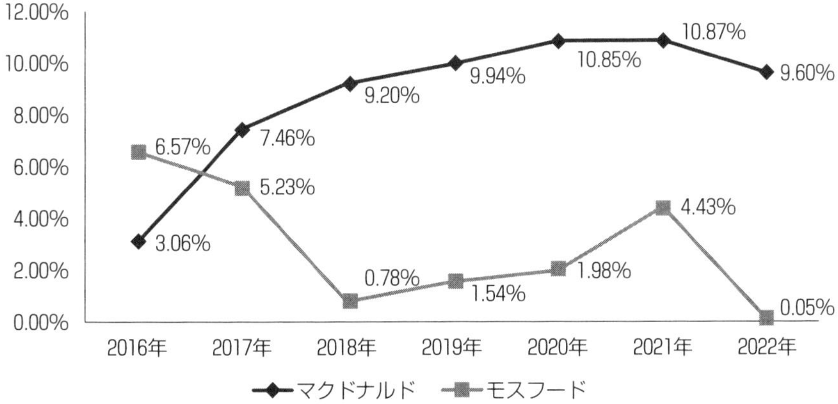

出所：両社有価証券報告書

図表13-14　モスフードのキャッシュ・フローの推移

出所：同社有価証券報告書

123

第Ⅱ部　実践編

売上高営業利益率を追求しようとすれば，加盟店を獲得した多店舗展開のほうが，本部の業績は高くなることが見込まれます。以下ではファストフード企業のキャッシュ・フローを分析して，ドラッグストアとの違いを明らかにします。

　最初に，マクドナルドとモスフードの売上高営業利益率の推移を，再度確認します（**図表13-13**）。マクドナルドは高い利益率に到達しており，モスフードとは好対照です。また，全店舗における直営店の比率が低いのはモスフードですので，店舗増の影響が投資CFに反映されない傾向にあるのはモスフードであるといえます。そこで先に，モスフードのキャッシュ・フローの推移に注目します（**図表13-14**）。

> **Advanced Point**　設備の状況の変化と戦略
>
> 　**図表13-14**からは，2019年以降の大幅な営業CFをもたらす投資の内実へと関心が生じます。そこで，2016～2018年の投資CFに注目すると，有報には「主として，投資有価証券の取得による支出，有形固定資産の取得による支出，無形固定資産の取得による支出」が示されています。そこで，有形固定資産の取得に注目して「設備の状況」の項目に目を向けると，**図表13-15**のような推移が見られました。ここに示されているように，加盟店向け資産が増加しているほか，海外の店舗への投資が増加しており，こちらは自社の資金で店舗運営をしていることから，直営店展開をメインとして運営が推進されていることが理解できます。

図表13-15■モスフードの設備の状況の推移（抜粋，2016～2018年の比較）

会社名	事業所名	設備の内容	帳簿価額（単位：百万円）		
			2016年	2017年	2018年
㈱モスクレジット	加盟店向けレンタル資産等	POSシステム　看板	1,970	3,585	2,982
モスフード・シンガポール社	店舗	店舗設備	510	499	557
	本部	事務所設備	6	2	1
モスフード香港社	店舗	店舗設備	119	223	255
	本部	事務所設備	11	46	—

出所：同社有価証券報告書

> 　さらに，2018年の有報には，「モスフード全店に新POSシステムを6年ぶりに導入いたしました。」という記述があります。この設備投資のメリットは「電子マネー決済とクレジットカード決済のマルチ決済端末を搭載し，国内外のお客様の利

便性向上に努め」たほか，「指定の時間で受け取りが可能な『モスのネット注文』
の会員数」増加にも対応できるようにし，前期比で約33万人の利用者増加がみられ
たといいます。このことから，図表13-15にある「POSシステム 看板」の帳簿価額
の変化は，段階的に整備されたものと考えられ，加盟店の顧客サービスの向上に大
きく寄与する力を持つと考えられます。

　こうした動向から明らかなのは，直営店展開を主とせず本部機能を強化する企業
にとって，出店の行為と投資行動との関係は必ずしも強くありませんが，加盟店の
競争力を向上させるための投資は必要であり，利便性の向上を実現するのは本部が
担う役割でもあるといえます。2018年の営業CFの極端な減少は，有報によれば
2018年8月に発生したモスフード店舗での食中毒事故の影響が大きな要因のようで
すが，安心や安全のイメージが回復して以降は，パンデミックの影響も少なく，投
資CFが抑制されていることから，高いフリーCFの推移を実現しています。こうし
た点に，同じチェーンストアによる多店舗展開をする小売業でも，直営店展開する
小売企業とは異なる身軽さがあるといえます。

　ただし，肝心の売上高や営業利益に回復が見込めない場合は，やはり本部が何ら
かの手段を講じてその状況を打破する必要が生じます。2020年以降のキャッシュ・
フローの推移自体は優れたものといえますが，収益性の向上に向けた取組みを講じ
ていこうとすれば，キャッシュ・フローの状態を維持する考えとは相反することに
なるでしょう。さて，注目してきた直営店増加の動きや加盟店の競争力向上は，ど
のように両立させていくのでしょうか。分析した結果から生まれる疑問があるのも
このアプローチの面白さであり，こうした検討を通じて，企業はさまざまなことを
考えながら行動していることが，あらためて理解できます。

Advanced Point　店舗機能の再構築のための投資

　こうしたモスフードの動向に対し，マクドナルドにはどのようなキャッシュ・フ
ローの推移がみられるでしょうか。**図表13-16**は，同社のキャッシュ・フローの推
移をまとめたものです。

　モスフードより直営店比率の高いマクドナルドですが，加盟店比率の高い多店舗
展開の形態の企業ですから，新規出店や既存店の維持にかかる費用が投資CFで顕
著にみられない点に特徴があります。ただし，2020年の投資CFは特徴的であり，
同年の有報によれば，「主に定期預金の預入による支出，新規出店と改装，リビル
ドや未来型店舗への投資を中心に行ったことによる有形固定資産の取得による支出，
定期預金の払戻による収入によるものです」とあります。このうち「未来型店舗へ
の投資」とは，「おもてなしリーダー」「テーブルデリバリー」「モバイルオーダー」

125

などの取組みを指しており、そこでの体験、つまり「未来型店舗の体験」は、専任スタッフによる温かいおもてなしと、デジタルを活用した高い利便性を提供する同社の取組みにより、「ピープル」と「テクノロジー」の最適なバランスで顧客の多様なニーズに応えているという評価から、2021年度のグッドデザイン賞を受賞するなど、大きな話題になっています。

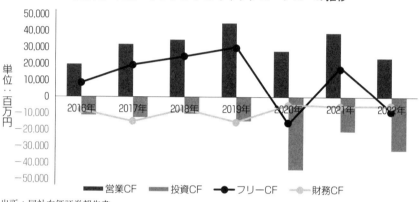

図表13-16 マクドナルドのキャッシュ・フローの推移

出所：同社有価証券報告書

　マクドナルドは高い売上高営業利益率を武器に、潤沢な資金を投じた設備投資が可能であり、それは同社店舗のサービス水準を向上させる新しい取組みに結びつけられています。「モバイルオーダー」は同社の高度なオペレーションを駆使するサービスのしくみであることは間違いなく、それに加えて対面での接客の機会を増やし、さまざまな顧客への対応も同時に推進するといったところは、まさに独創性に富んだ新しい挑戦です。

　マクドナルドの「おもてなしリーダー」や「テーブルデリバリー」は、店舗の機能を向上させることで、幅広い顧客からの支持を獲得するねらいがあるようですが、オンラインを活用したオーダーから商品提供までの合理的なしくみの構築に余念がない点がモスフード、マクドナルドの両社にみられることからも、ファストフードならではの取組みだといえます。これは、ほかの小売の業態とも異なる特徴ある進展であり、サービスの定着や浸透の様子は、今後の売上高や営業利益に反映されていくことでしょう。

Chapter 13　分析事例　応用編

Advanced Point　チェーンストアのビジネスモデルにおける店舗の機能と戦略

　直営店を中心に多店舗展開を進めるドラッグストア各社と，加盟店を中心に多店舗展開を進めるファストフード各社を比較すると，ドラッグストアは出店のコストが投資CFに大きく反映されることが理解できます。そのため，積極的な出店が企業活動に必要な資金に影響を与え，金融機関からの借入を増加させて対応する企業もあるわけですが，同じような傾向は，加盟店中心に多店舗展開を進めるファストフードにはみられません。ただし，本部が導入する店舗運営のプラットフォームが顧客の体験や店舗の印象，そして収益性に大きく影響することから，強力な本部のリーダーシップによってサービス提供体制が確立し，新たな魅力になるのです。どのようなサービスの提供を追究するのかをめぐり，企業独自の挑戦が続いているのがファストフード業界であり，その挑戦の成果こそが，高い収益性への到達なのです。マクドナルドはすでに高利益率を達成していますが，現状に甘んじることのない様子が浮かび上がります。

　このように，キャッシュ・フローへの注目は，組織の意思決定がもたらす企業活動の変化に注目できるため，分析視点の次元が変わっていきます。また，戦略や戦術がどのような経営資源を駆使して実行されているのかにも言及でき，企業経営の実際をより具体的に分析できるようになります。

13-4　小売業の場合（その3）：戦略の違いは財務情報にあらわれます

　ここまでの小売企業の分析では，店舗数による規模や多店舗形態の側面に議論を集中してきましたが，必ずしも小売企業の挑戦は，店舗というチャネルにばかり関心があるわけではありません。以下で食品スーパーを分析することで，異なる発見が可能になります。

　食品スーパーは株式会社イトーヨーカ堂（以下「イトーヨーカ堂」）のような大手GMS（One Point 9）といわれる全国展開型の企業もありますが，GMSでなく食品スーパー事業に集中して地域密着型で影響力を拡大する企業が少なくありません。ここでは，近年「業務スーパー」で知られている株式会社神戸物産（以下「神戸物産」），同じ兵庫県に本社のある株式会社関西スーパーマーケッ

127

第Ⅱ部　実践編

ト（以下「関西スーパー」），東京と大阪に店舗を持つ株式会社ライフコーポレーション（以下「ライフ」），埼玉県を中心に首都圏に数多くの店舗を持つ株式会社ヤオコー（以下「ヤオコー」），岡山県を中心に山陽地方に影響力を持つ株式会社ハローズ（以下「ハローズ」）の5社を分析対象にします。各社の売上高（売上収益）を比較したものが**図表13-17**，営業利益を比較したものが**図表13-18**，そして売上高営業利益率で比較したものが**図表13-19**です（One Point 10）。

One Point 9

　GMSはGeneral Merchandise Storeの略称です。日本では「総合スーパー」と訳され，食料品以外にも日常生活で必要な買回品を数多く扱う小売の業態を指します。総合スーパーの多くは，食品スーパーが発展したものですが，食品スーパーが食品に集中した品揃えを行うことから，区別して表現されています。

One Point 10

　関西スーパーは2022年2月1日に，「関西フードマーケット」に社名変更しました。これにより，エイチ・ツー・オーリテイリングの食品スーパー事業の中間持株会社として，イズミヤや阪急オアシスなど3社を傘下に持つ，売上高で関西最大級の規模になりました。このため，関西スーパーマーケットの財務情報が入手できなくなったため，集計データは2021年までとしています。

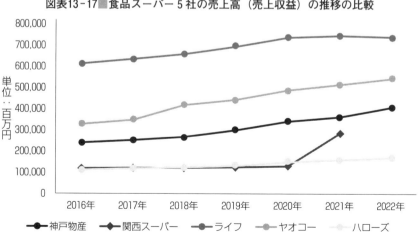

図表13-17　食品スーパー5社の売上高（売上収益）の推移の比較

出所：各社有価証券報告書，決算短信

最初に，今回注目した5社は，違いはあれど売上高（売上収益）を増やしている点に注目します。少子高齢化が指摘され，市場の縮小が懸念される局面ですが，食品スーパー事業が堅調に推移していることを確認するとともに，パンデミックの影響も少なく，増収増益を実現した企業も少なくないところに，食品スーパーの底堅い実力を感じます。

続いて，営業利益の推移に注目しましょう（**図表13-18**）。すると，神戸物産の営業利益が高くヤオコーと拮抗していることや，ライフだけ異なる動きがみられることなどが発見できます。

さらに，売上高営業利益率でみると，各社を相対化して比較できます（**図表13-19**）。ここでも神戸物産の秀逸ぶりが確認できるほか，ヤオコーとハローズが拮抗していることも確認できます。こうした点は，売上高や営業利益の規模の違いだけでは判断できないことであり，規模が小さくとも優れた企業経営を実現していることが発見できます。

では，5社のなかで高い売上高営業利益率を達成している神戸物産にはどのような特徴があると考えられるでしょうか。**図表13-20**は，同社のキャッシュ・フローの推移です。

これを見ると，同社は営業CFが安定してプラスで推移し，それを上回る投資CFがみられないためにフリーCFもプラスで推移していることが確認できま

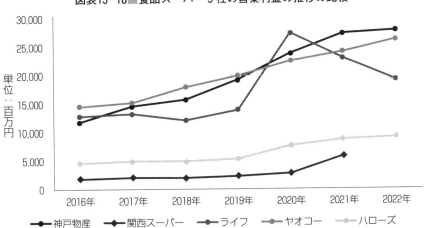

図表13-18 食品スーパー5社の営業利益の推移の比較

出所：各社有価証券報告書，決算短信

第Ⅱ部　実践編

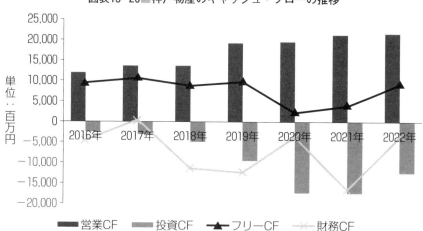

図表13-19　食品スーパー5社の売上高営業利益率の推移

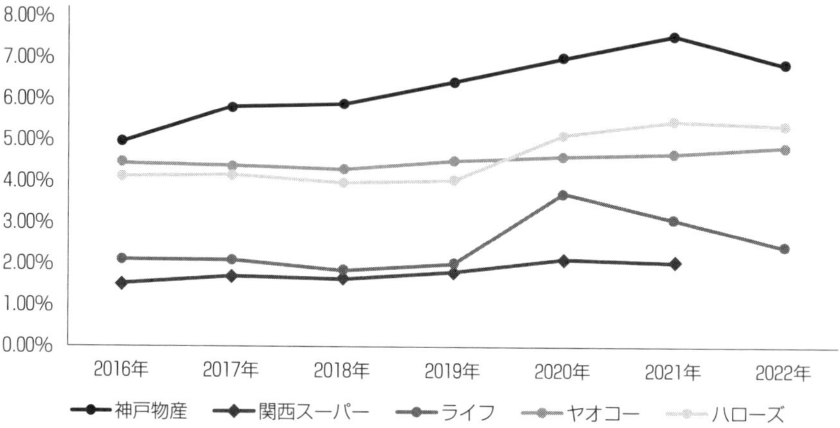

出所：各社有価証券報告書，決算短信

図表13-20　神戸物産のキャッシュ・フローの推移

出所：同社有価証券報告書

　す。これにより，資金獲得状況は申し分ないといえます。ただし，投資が決して少ないわけではなく，2020年や2021年の投資はとりわけ大規模なものになっています。

　この投資の詳細について検討すべく，設備の新設状況に注目します。**図表13-21**は2020年の投資CFの一部について，**図表13-22**は2021年の投資CFの一部を説明するものです。

Chapter 13　分析事例　応用編

図表13-21■神戸物産における2020年の設備の新設（計画）

3【設備の新設、除却等の計画】
　当社グループの設備投資については、生産計画、需要予測等を勘案して計画しております。
　なお、当連結会計年度末現在における重要な設備の新設は次のとおりであります。
（1）重要な設備の新設

会社名事業所名	所在地	セグメントの名称	設備の内容	投資予定金額		資金調達方法	着手及び完了予定年月		完成後の増加能力
				総額（百万円）	既支払額（百万円）		着手	完了	
株式会社神戸物産	兵庫県加古川市	全社（共通）	事務所	1,954	1,230	自己資金	2020.4	2021.3	－
株式会社ターメルトフーズ	山口県防府市	業務スーパー事業	製造設備	2,130	518	自己資金及び借入金	2020.3	2021.7	－
株式会社グリーンポートリー	岡山県津山市	業務スーパー事業	製造設備	1,252	310	自己資金	2020.9	2021.6	－

　（注）完成後の増加能力については、その測定が困難なため、記載を省略しております。

出所：同社有価証券報告書

図表13-22■神戸物産における2021年の設備の新設（計画）

3【設備の新設、除却等の計画】
　当社グループの設備投資については、生産計画、需要予測等を勘案して計画しております。
　なお、当連結会計年度末現在における重要な設備の新設は次のとおりであります。
（1）重要な設備の新設

会社名事業所名	所在地	セグメントの名称	設備の内容	投資予定金額		資金調達方法	着手及び完了予定年月		完成後の増加能力
				総額（百万円）	既支払額（百万円）		着手	完了	
株式会社神戸物産	福島県西白河郡	エコ再生エネルギー事業	メガソーラー発電設備	6,789	5,377	自己資金	2018.10	2022.8	－
株式会社神戸物産	宮城県東松島市	エコ再生エネルギー事業	メガソーラー発電設備	9,257	2,132	自己資金	2020.4	2024.2	－
秦食品株式会社	滋賀県蒲生郡竜王町	業務スーパー事業	製造設備	1,046	126	自己資金及び借入金	2021.7	2022.5	－

　（注）完成後の増加能力については、その測定が困難なため、記載を省略しております。

出所：同社有価証券報告書

● Advanced Point　投資にみる差別化要因の強化

　図表13-21からは，本社機能の増強が行われていて，投資予定のうち大部分が支払われていることが確認できます。このほか，特定子会社とした株式会社ターメルトフーズ（以下「ターメルトフーズ」）および子会社とした株式会社グリーンポートリー（以下「グリーンポートリー」）の製造設備を取得しています。ターメルトフーズは山口県にある肉の加工技術が優れた冷凍食品企業であり，グリーンポートリーは良質な国産鶏肉を供給する企業であることを考えれば，サプライチェーンの川上への投資を強化したことが理解できます。神戸物産独自の製品を供給する体制

131

第Ⅱ部　実践編

として有効なほか，それはチェーン店全体の差別化に寄与します。プライベート・ブランド比率の高い企業であり，外食や中食事業も展開する同社にとって，生産から販売までの流通の垂直統合を推進することで高い競争力が構築でき，より特徴的な事業展開が可能になると考えることができます。

さらに2021年は，福島県と宮城県におけるエコ再生エネルギー事業への投資に特徴があります。同社は全国各地に太陽光発電を中心とした電力販売を行っており，同事業の拡大は，底堅い収益性の確保において有効です。事業の多角化を活かそうとする部分も徹底していて，同社独自の挑戦であることが理解できます（**図表13-22**）。

投資CFをこれほど自社で販売する製品にまで関心を向けることができるのか，それは，神戸物産が主として加盟店による出店増を目指しているからです。**図表13-23**は，同社（業務スーパーのみ）の店舗数の推移を示しています。ここにあるように，店舗は毎年増えていますから売上高が増加しますが，加盟店を増やす方針であるため直営店出店のための投資は不要という特殊なケースだといえます。

図表13-23■神戸物産（業務スーパーのみ）における直営店と加盟店の数の推移

	直営店	加盟店	店舗数計
2018年	2	811	813
2019年	2	843	845
2020年	2	877	879
2021年	3	947	950
2022年	3	1,004	1,007

出所：同社有価証券報告書

神戸物産の特徴的なビジネスモデルとは違い，新規出店が投資の主要因となっている食品スーパーも少なくありません。**図表13-24～13-27**は，神戸物産以外の４社のキャッシュ・フローの推移を表しています。仕入債務や売上債権の状況によって営業CFが増減しますが，**図表13-20**と対比してみると，比較的投資CFは店舗数の増加との相関が見られるといえそうです。

一般に，営業CFの金額が少ないと，投資に充てる資金をもつことができません。グラフの縦軸をみればライフの営業CFに大きな値がありますが，フリーCFが安定してプラスで推移する傾向にあるのはヤオコーやハローズだと評価できそうです。さて，こうした企業は何に投資をしているのでしょうか。ここで，店舗数の推移に注目します（**図表13-28**）。なぜなら，売上高の増加を牽引

Chapter 13　分析事例　応用編

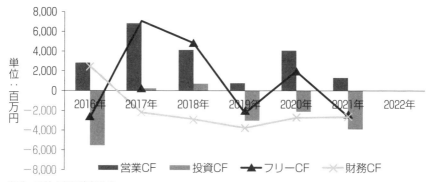

図表13-24　関西スーパーのキャッシュ・フローの推移

出所：同社有価証券報告書

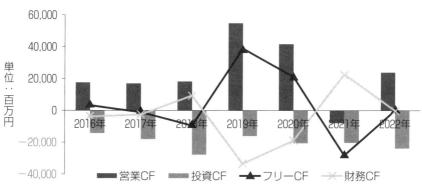

図表13-25　ライフのキャッシュ・フローの推移

出所：同社決算短信

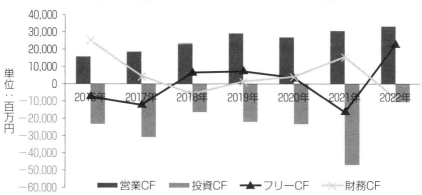

図表13-26　ヤオコーのキャッシュ・フローの推移

出所：同社有価証券報告書

133

第Ⅱ部　実践編

図表13-27■ハローズのキャッシュ・フローの推移

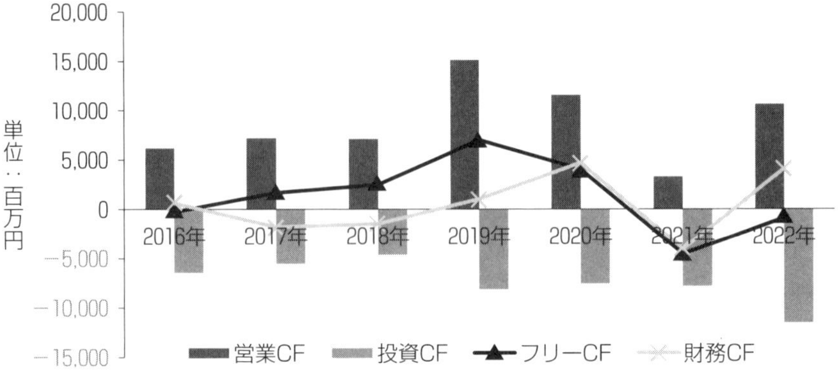

出所：同社有価証券報告書

するのは店舗の増加だと考えるのが自然だからです。このことは，神戸物産の分析からも明らかです。

　一般に，売上高営業利益率が高いほど，獲得した売上高から営業費用を差し引いた金額が多いわけですから，積極的に投資できる体制をとることができます。今回の分析だと，ヤオコーやハローズが比較したほかの企業よりもこうした体制をとりやすく，**図表13-28**からはそれが出店増の姿勢に反映されているといえます。両社ともフリーCFがプラスで推移する傾向にありますから，資金の獲得を優先してはいるものの，いずれもフリーCFがマイナスとなる局面では多数の出店が行われています。ここまでの分析からは，こうした相関を発

図表13-28■神戸物産ほか4社の店舗数の推移

	関西スーパー		ライフ		ヤオコー		ハローズ	
	店舗数	増減	店舗数	増減	店舗数	増減	店舗数	増減
2016年	66	－	－	－	154	－	74	－
2017年	66	±0	－	－	168	+14	78	＋4
2018年	66	±0	270	－	172	+4	82	＋4
2019年	65	－1	275	＋5	178	+6	86	＋4
2020年	65	±0	280	＋5	181	+3	91	＋5
2021年	－	－	285	＋5	192	+11	97	＋6
2022年	－	－	296	＋9	199	+7	102	＋5

出所：各社有価証券報告書，統合報告書，ウェブページ

134

見することができます。

　いうまでもなく，食品スーパーは生鮮食料品を店頭で販売することを主要な事業としています。この分析から明らかなのは，こうした事業のコアに忠実な展開が推進されているといえ，だからこそ店舗の増加は企業にとって重要な成長なのです。同時に，直営店展開を基本とするために，出店増は投資CFに反映されるわけです。こう考えていくと，神戸物産のビジネスモデルは特異なものであり，ほかの食品スーパーと同様に扱うことのできない側面があるといえます。「業務スーパー」は，加盟店展開を可能にするための工夫がよく施されたビジネスモデルであると考えられるのです。

Advanced Point　ネットスーパーの戦略と投資

　ところが近年は，実店舗の出店にばかり関心が向けられているわけではありません。2021年のライフの投資CFには特徴的な取組みが見受けられました（**図表13-25，13-29**）。

図表13-29▉ライフにみる新たな挑戦

1．経営成績等の概況
（中略）
ネットスーパー事業におきまして，システム面での更なる利便性向上のために株式会社10Xと協業し，初のモバイルアプリ版となる「ライフネットスーパーアプリ」の提供を2021年3月より開始し順調にダウンロード数を獲得しております。配送面ではネットスーパー・来店宅配サービスにおける安定した高い品質の配送網を構築するために，間口ホールディングス株式会社と共同でラストワンマイルを担う新会社「株式会社ライフホームデリバリー」を4月に設立，6月より事業を開始し2022年2月末現在，ネットスーパーで9店舗，来店宅配25店舗で稼働する等事業を漸次拡大しております。
（中略）
更に，当社が2019年9月より出店を始めたAmazonプライム会員向けサービスについては，配送地域を首都圏では，東京23区と都下13市，神奈川県8市，千葉県13市，埼玉県5市，近畿圏では大阪府23市，兵庫県6市，京都府3市（それぞれ一部地域を除く）に拡大しております。
（後略）

出所：同社決算短信（2021年）

　ライフはネットスーパー事業に着手し，アプリを通じた注文や宅配サービスを展開しているほか，Amazonプライム向けサービスも推進しており，有店舗だけの販売にとどまらない，新しい消費スタイルの提案も推進しています。

135

第Ⅱ部　実践編

　ライフの決算短信を確認すると，投資CFの説明にこうした理由が記述され
ていません。したがって，他社との協業や新会社の設立より複数の新規出店の
ほうが，投資額が大きいことが予想されます。仮にこうした見方が妥当である
ならば，投資CFの金額の大きさだけで投資の効果を考えるべきではなく，さ
まざまな挑戦を分析の過程で十分に精査していくことが求められます。

13-5　多角的な分析視点が妥当性の高い仮説の発見をもたらします

　私たちは，企業の経営成績である売上高や営業利益が増減する理由を探究し
ています。その方法が本書で示す経営分析メソッドであり，なぜ売上高や営業
利益が増えたのか，あるいは減ったのかについて，さまざまな視点から分析を
進めます。最初は，その理由を求めて有報に目を通します。記載箇所が見つか
れば，理由はすぐに理解できるといえます。ここで，いったん疑問は解消され
ます。ただしこの段階では，そこに記載されている理由が生じる背景や現象，
またそれらの構造までを理解できていない状態です。これが，キャッシュ・フ
ローにも関心を持って検討する理由です。

　営業CFは，売上高や営業利益の増減とは別の見方を提供します。企業活動
を継続するための資金が獲得できているかを示しているのが，営業CFです。
また，資金があれば投資できるようになります。この投資活動は，投資CFに
示されます。このとき，投資の対象が有形固定資産である場合が多く，本章で
はこうしたケースを多数扱いました。こうすることで，売上高や営業利益に影
響する資産の内容を，適切に抽出して分析できます。売上高や営業利益に影響
する諸要因について，因果関係を手掛かりに探っていくことで，その構造が浮
かび上がるようになるのです。

　ただし，売上高や営業利益，そして売上高営業利益率が高いほど，企業活動
を継続するために必要な資金獲得がスムーズです。大胆な投資も可能になりま
す。そして，こうした投資は未来への新たな挑戦そのものです。分析を通じて，
企業がどのような成長を見通しているのかを理解する機会が生まれます。経営
分析メソッドを用いることで，こうした理解に基づいて企業経営をさまざま検

136

Chapter 13　分析事例　応用編

討していくことができます。

13- 6　本書で身につく分析力とは

　ここまで，「売上高」と「営業利益」を核として経営分析を進めてきました。最初は目的変数をこれら2つに固定することで，説明変数を発見し妥当性の高い仮説を導くことに専念していましたが，説明変数の構造が複雑になるにつれ，ほかの財務情報や非財務情報にも関心が及ぶようになりました。そして，当初は収益と費用だけに注目していましたが，目的変数や説明変数を幅広く想定することで，資産や負債にも言及するようになりました。こうした分析手法を身につけることで，何を見たらどのようなことが説明できそうかについても，経験的に理解できるようになりました。

　一方で，ここでの発見を活かし，ビジネスモデルや経営資源の特殊性に気づくことができると，経営分析は楽しくなります。業種によってその様子に違いがありますし，うまく機能していることもあれば，方針転換を求められる状況が浮かび上がるケースもあります。あるいは，特徴的なマーケティングや戦略が反映されている場合もあります。財務情報に表出するマーケティングや戦略の特徴について知っておくと，経営手法の意義を十分に説明できるようになります。次章では，これをステップとして，さらに水準の高い経営分析ができるスキルを学びます。

137

第III部

発展編

Chapter 14　分析事例の整理①
　　　　　　　（業種や業態による違い）
Chapter 15　分析事例の整理②
　　　　　　　（経営資源への関心）
Chapter 16　市場創造に向けて

第Ⅲ部　発展編

Chapter 14 分析事例の整理①
（業種や業態による違い）

■本章の要点

◇ 同業他社と比較する視点を工夫していくと，注目する業界の特徴が浮き彫りになるほか，その理由や課題も明らかにできます。

◇ 企業経営の優劣の精査は，競争優位の検討につながります。

これが理解できると…

◆業種や業界による違いがわかります。
◆収益や費用の特徴を論理的に説明できるようになります。

　本章からは，企業単独を分析対象とするのではなく，企業活動をいくつかの業種や業態に分類して注目し，財務情報から明らかになる特徴を確認したうえで，このことに起因する特徴とはどのようなものかについて検討します。

14-1　小売業の場合（その1）：利益率の高い企業の秘訣がわかります

　図表14-1は，前章でとり上げた食品スーパー5社の売上高営業利益率の推移です。神戸物産を除けば2～5％で推移しています。高い売上高営業利益率とはいえませんが，日常生活に不可欠な商品を販売しているほか，購買頻度の高い商品ばかりを扱っていますから，身近な店舗を中心に利用し続ける傾向があります。顧客の日常生活を支える企業活動ですから，高い利幅の設定は難し

いものの，突然売上が減少するリスクは少ないといえます。これが，売上高営業利益率が低くなる理由です。

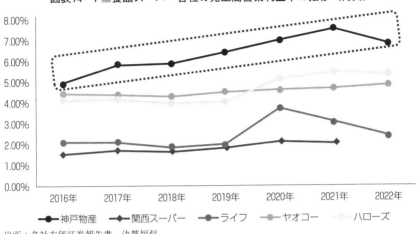

図表14-1 ■食品スーパー各社の売上高営業利益率の推移（再掲）

出所：各社有価証券報告書，決算短信

　ただし，神戸物産のように直営店による多店舗展開ではなく，加盟店の店舗数を増やしていくと，一般的な食品スーパーと異なる成長が可能になります。売上高営業利益率を高く設定できる要因としては，直営店展開に必要なコストが削減されるだけでなく，加盟店からのロイヤルティの加算も考えられます。このように収益獲得のしくみが違ってくると，もはや異なるビジネスモデルとしてみるべきであり，一般的な食品スーパーの業態と定義すべきではないでしょう。

　仮に，「業務スーパー」が食品スーパーと同様の機能を持って店舗機能を維持しようとすると，加盟店形式の多店舗展開が妥当だといえるでしょうか。こうした慎重な議論が必要です。一般に，精肉や鮮魚，青果といった部門で扱う商品の多くは，店舗内で加工しています。これらの作業を遂行するヒトを確保する必要があるほか，適切に作業するための施設も用意しなければなりません。未だ食品スーパーの多くが直営店展開を選択するのは，鮮度の高い商品を数多く用意し，最適な提案を可能にするしくみを活かすためには，商品を加工することなどへの取組みが不可欠なためです。こうしたさまざまな理由を考えるこ

第Ⅲ部　発展編

とができます。

　このように考えると，食品スーパーのビジネスモデル自体が，収益を規定する要因を持っていることが理解できます。それだけに，わずかでも付加価値の高い提案を実現することで，売上高営業利益率は高くなっていきます。だからこそ各社はさまざまな努力をするのであり，その成果が売上高営業利益率の増加をもたらすわけです。とりわけ神戸物産は，食品スーパーのビジネスモデルの限界を克服する挑戦をしているのです。

14-2　小売業の場合（その2）：利益率の差を生む ビジネスモデルの違いが大切です

　ドラッグストアという業種も，食品スーパーと同様に直営店展開を主とした多店舗展開で成長しています。こちらは，売上高営業利益率が食品スーパーと同等か，わずかに高い傾向がみられます（**図表14-2**）。

図表14-2　ドラッグストア4社の売上高営業利益率の推移（再掲）

出所：各社有価証券報告書

　これは，来店した顧客が購入する商品の単価が，食品スーパーより高くなる傾向があるからでしょう。医薬品や化粧品，生活雑貨を幅広く取り扱うケースが多いドラッグストアは，食料品より単価が高く，利幅も大きく設定できます。生鮮食料品を扱う食品スーパーは頻繁な品出しと厳格な在庫管理が必要ですが，

Chapter 14　分析事例の整理①（業種や業態による違い）

ドラッグストアはその手間が省けます。店舗運営の省人化が実現できるメリットを活かしているわけです。

　ただし，食品スーパーのような来店頻度が期待できませんから，繁盛店にしようとすれば，何らかの工夫が必要です。こうした実情を反映するかのように，コスモス薬品は低価格を訴求する差別化特性を持つほか，クスリのアオキは食品スーパーを買収して成長を志向しています。同社は今後，食料品を多く取り扱う店舗が増えていきます。こうした取組みは，ドラッグストアと食品スーパーの業態の垣根がなくなる動きになるかもしれません。

14-3　小売業の場合（その3）：優位性の維持が課題です

　食品スーパーやドラッグストアでは，直営店による多店舗展開が一般的なのに対し，コンビニエンスストアは，加盟店による多店舗展開が一般的です。**図表14-3**は，株式会社セブン-イレブン・ジャパン（以下「セブン-イレブン」），株式会社ローソン（以下「ローソン」），株式会社ファミリーマート（以下「ファミリーマート」），ミニストップ株式会社（以下「ミニストップ」）の4社の営業収益利益率の推移をグラフ化したものです（One Point 11）。

図表14-3 ■コンビニエンスストア4社の売上高営業利益率の推移

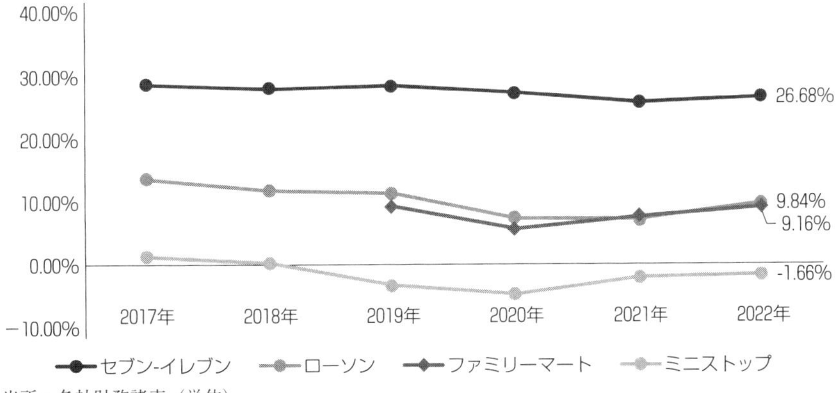

出所：各社財務諸表（単体）

143

第Ⅲ部　発展編

One Point 11

　ファミリーマートは2016年9月にユニーグループ・ホールディングス株式会社を吸収合併し，ユニー・ファミリーマートホールディングス株式会社に商号変更しましたが，その後2019年1月に，ユニー株式会社の全株式を株式会社ドンキホーテホールディングス（現在の株式会社パン・パシフィック・インターナショナルホールディングス）に譲渡しました。さらに同年9月，完全子会社である株式会社ファミリーマートを吸収合併し，株式会社ファミリーマートに商号変更し現在に至ります。このため，単体の損益計算書は2019年以降しか確認できないため，ファミリーマートは4年分のみの表示となっています。

　コンビニエンスストアを運営する4社では，売上収益営業利益率には大きな違いがありますが，2022年時点ではローソンやファミリーマートが9％程度，セブン-イレブンが25％超とほかの小売業に比べ驚異的な水準です。これは，物販のほかに加盟店からのロイヤルティが存在するからですが，小売の店舗としてはもっとも小規模であるがゆえに，オペレーション管理がシンプルです。また，小規模な商圏で十分成立することも，コンビニエンスストアの強みです。ほかの小売の業態にはない特徴を活かして，コンビニエンスストアは店舗数を増やしてきました。とりわけセブン-イレブンの提案力の高さは群を抜いていて，本部の高い収益性が光っています。

　しかし，人口減少局面を迎える日本社会において，コンビニエンスストアはすでに店舗数が飽和に達しているといわれています。売上収益営業利益率にも伸びが感じられません。また，かつてコンビニエンスストアは，加盟店による多店舗展開の代表格でしたが，近年ではあらゆる小売の業種において，加盟店による多店舗展開が行われています。したがって，以前ほど加盟店運営のメリットが高く評価されていないという懸念も存在するでしょう。とはいえ，コンビニエンスストアはほかの小売業種より高い利益率を誇りますので，本部主導による経営革新がまだまだ期待できます。

Chapter 14　分析事例の整理①（業種や業態による違い）

14-4　卸売業の場合：何を重視しているのかわかります

　ここまで小売のさまざまな業種に注目してきましたが，店頭に並ぶ商品の多くは，食品製造企業から直接仕入れているわけではありません。製造企業（売り手）と小売企業（買い手）がともに多数である場合，卸売企業が仲介するほうが効率のよい取引が成立します。特に食品は，日本にあらゆる製造企業（売り手）と小売企業（買い手）が存在しますから，卸売企業が機能することで，全国のあらゆる小売店において，豊富な品揃えが実現しているのです。

　日本を代表する食品商社のうち，ここでは三菱食品株式会社（以下「三菱食品」），株式会社日本アクセス（以下「日本アクセス」），伊藤忠食品株式会社（以下「伊藤忠食品」），加藤産業株式会社（以下「加藤産業」）の4社を分析します（図表14-4）。

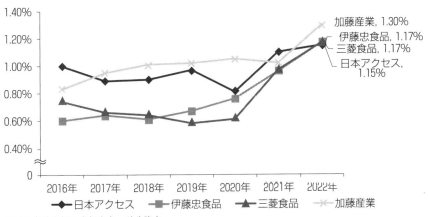

図表14-4　食品卸売企業各社の売上収益営業利益率の推移

出所：各社有価証券報告書，財務諸表

　図表14-4から明らかなように，食品卸売企業の売上高営業利益率は極めて低いといえます。これは，取扱品目の幅広さを優先し，取引の総量を重視することを信条としているからだと考えられます。安定的な商品流通の中核として機能することが重要であり，その多くが生活必需品であることを考えれば，そ

第Ⅲ部　発展編

して製造企業と小売企業の便益を重視すれば，安易に利幅を増やすことはできません。こうした特徴が顕著な業種だといえます。

食品卸売企業は，商品の調達を重視します。なぜなら，小売の店頭で品切れを起こしてはならないからです。顧客がほしいと思ったときに商品が売られていないと，顧客は利用する店舗を変えてしまうかもしれません。適切な品揃え

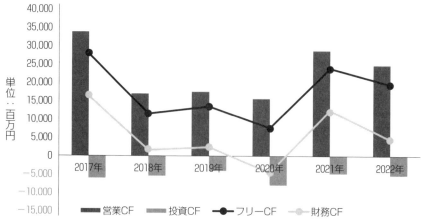

は，顧客からの信頼を獲得するための重要な手段です。天候や人出によっても売れ行きは変わります。正確な需要予測が難しいだけに，卸売企業の臨機応変な対応が重要になります。これを象徴しているのが，資金調達の様子です。興味深いことに，今回注目した4社とも，フリーCFと財務CFの密接かつ特徴的な連動の様子を確認できます（**図表14-5～14-8**）。

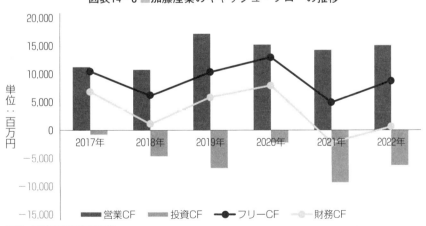

図表14-7 伊藤忠食品のキャッシュ・フローの推移

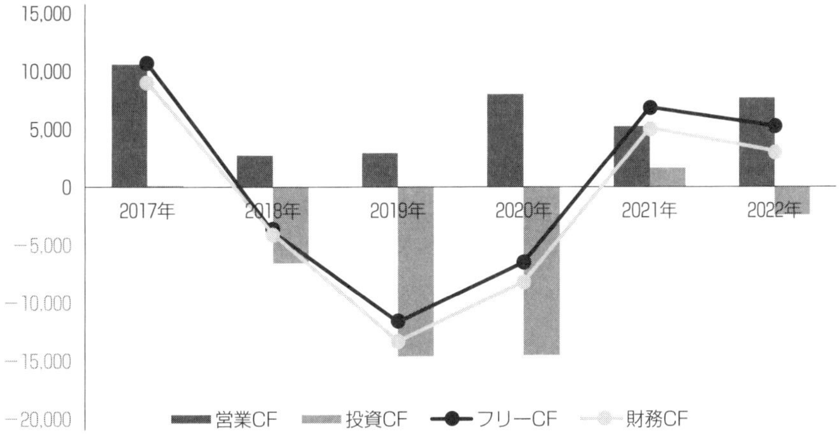

出所：同社有価証券報告書

図表14-8 加藤産業のキャッシュ・フローの推移

出所：同社有価証券報告書

第Ⅲ部　発展編

　一般に，フリーCFがプラスであれば財務CFはマイナスとなり，フリーCFと財務CFは逆相関の関係がみられます（第12章を参照）。ところが，食品卸売企業はみな，逆相関（負の相関）どころか正の相関となっていて，一般的なキャッシュ・フローの動きと異なります。なぜこのような特徴がみられるのでしょうか。

　まず，食品卸売企業は，食品製造企業から商品を調達し，その段階で代金を支払います（**図表14- 9**中の①）。食品卸売企業にとって，飲食店や食品スーパーなどの小売企業に商品を供給するために，商品の調達は必要不可欠であり，収益を獲得するための原資です。こうして調達した商品は，飲食店や食品スーパーといった小売企業に供給されます。供給した商品の対価はこのタイミングで獲得が可能になります（**図表14- 9**中の②）。

図表14- 9 ■食品卸売企業における取引とキャッシュ・フローの関係

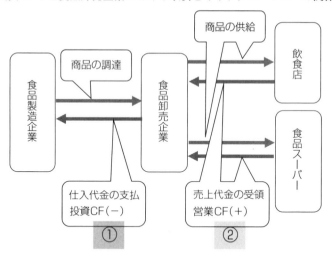

　食品卸売企業は，①より②の金額が大きくなければ，ビジネスは成立しません。しかし，取扱商品の多くが人々の生活必需品であるため，利幅を大きく設定することはたやすくありません。これが売上高営業利益率にあらわれていますが，食品卸売企業は4社とも，企業活動を継続するために確保する資金を一定とし，不足は借入によって対応していることが浮き彫りになります。4社と

148

も金融機関との緊密な連携が存在しているほか、すべての企業が、ほとんどの資金を本業のために費やしていることがうかがえます。

> **Advanced Point**　売上債権抑制の努力とパンデミック
>
> 　こうした考察を裏づける資料が、**図表14-10**です。小売企業への商品を全力で供給している食品卸売企業ですが、それだけに小売企業から獲得する対価の遅滞は、自社で活用できる資金を減らすダメージとなります。つまり、小売企業に対しては、供給した商品の代金支払いが遅滞しないための工夫が必要であり、各社ともこれを自覚して行動していることがわかります。
>
> 　売上債権の増加は、収益を計上しながら資金確保においては不利な状況を招きます。図表14-10を見る限り、2018年をピークに2019年、2020年と売上債権を減らす動きがみられましたが、2021年には再び売上債権の比率が高まっています。おそらく、パンデミックの影響でしょう。食品卸売企業は、食品スーパーなど最終消費者向けの商品供給もしていますが、飲食店向けの商品も取り扱っています。酒類などの扱いも含まれるため、パンデミックによって、それまでの日常とは異なるさまざまな事態に直面したに違いありません。こうした実態を目の当たりにすると、食品卸売企業が食品製造企業と小売企業との利害を巧みに調整しながら機能してきたと理解できます。

図表14-10 売上高に占める売上債権の比率の推移（各社単体のデータを用いて検討）

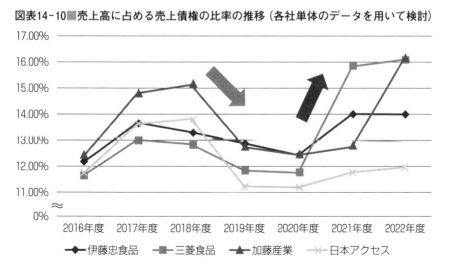

出所：各社有価証券報告書

第Ⅲ部　発展編

14-5　多角的な分析によって企業経営の評価が可能になります

　本章では，小売業や卸売業に注目して検討しましたが，小売の業種による違いを確認する手掛かりとして，売上高営業利益率に注目することの意義を確認できました。業種により売上高営業利益率が違いますが，それには理由があります。一般に，購買頻度の高い生活必需品を販売する業種ほど，売上高営業利益率は低くなります。また，直営店による多店舗展開は，加盟店による多店舗展開の本部より，売上高営業利益率は低くなります。これは，出店のための投資が費用計上されるからであり，出店のコストが営業利益を低下させるからです。多店舗展開する際，直営店と加盟店のどちらを選択するかは，企業にとって重要な意思決定です。そのとき，店舗にどのような機能を与え，どのようなサービスを提供することを想定するのかが重要で，この判断を見誤ると企業の成長を見通せません。売上高営業利益率の違いは，こうした意思決定に裏づけられた側面を持っているといえますので，分析を通じて各社の企業努力の内実を垣間見ることができます。

　また，直営店よりも加盟店による多店舗展開のほうが高い収益性を実現しやすいわけですが，現在は加盟店側のメリットがシビアに評価される時代です。加盟店のメリットが明確でなければ，加盟店を運営したい人や組織を見つけることができません。加盟店の運営主体を増やすための仕掛けまで考える必要があるといえ，加盟店主導で多店舗展開する小売企業の中には，難しい舵取りが続いている例もあるはずです。

　このほか，卸売業の検討から，売上高営業利益率が低くとも，取扱総量を確保することで，企業活動の基盤は失われないことがわかります。ただし，企業活動を継続するための資金確保が不可欠であり，金融機関との緊密な連携が求められるほか，企業活動自体が消耗戦にならないよう工夫する必要があります。実際に，売上債権が増加しないための方策がとられていたようですが，現在はそれが維持できないようでもあります。おそらくパンデミックの影響があると考えられ，今後何らかの立て直しが必要だといえそうです。

　食品卸売企業は，食品製造企業と小売企業の双方からの信頼を何よりも重視

しており，これを基盤にして，活動を継続しています。だからこそ食品卸売企業には，利害関係を超えて成果の到達に不可欠なプレーヤーとしての活躍が期待されています。商慣習にも支えられる一方で，食品卸売企業が介在して機能することの意義を最大化するためには，やはり企業活動を継続するために必要な資金を確保しながら，売上高営業利益率を向上させる必要があります。これらを踏まえて食品卸売企業各社に注目すると，わずかな差とはいえ，売上高営業利益率の高い企業ほどフリー CFがプラスで推移する傾向を発見できます。食品卸売企業には，優れたバランス感覚が必要といえそうです。

第Ⅲ部　発展編

Chapter 15

分析事例の整理②
（経営資源への関心）

■本章の要点

✧　企業が何を目指していて，どのような経営資源を活かそうとしているのかを
　　説明するためには，投資キャッシュ・フローへの注目が有効です。

✧　投資キャッシュ・フローから企業の意思決定が読み解けるので，企業がどの
　　ような未来を望んでいるのか，そして，どのような市場を創造しているのか
　　を理解できます。

これが理解できると…

◆企業の成長に必要な経営資源がわかります。

◆意思決定がもたらす経営資源の特徴が説明できるようになります。

　前章では，業種や業態による傾向の違いに注目しました。明らかな違いがい
くつも見つかりましたが，実際には企業独自の挑戦が好業績の契機となってい
る場合も少なくありません。この企業独自の挑戦について，投資CFから発見
できる場合が多く，その内実を正しく考察することは，企業活動の成果を説明
するうえでとても大切です。何より投資CFは新たに付与される経営資源その
ものであり，どのような経営資源が有効かの見極めが，実際の経営において重
要であることは間違いなく，私たちは分析を通じて，その実際を目の当たりに
することができます。

　そこで本章では，経営分析を進めるうえで必要となる経営資源について理解
を深めながら，どのような活用が売上高や営業利益に作用するといえるのかに
ついて，考えていきます。

152

Chapter 15　分析事例の整理②（経営資源への関心）

15-1　経営資源がわかれば企業に何ができるかを説明できます

　一般に，経営資源とは企業経営にとって役立つさまざまな要素や能力のことです。ヒト，モノ，カネ，情報の4つが四大経営資源とよばれています。ヒトは人材を表していて，企業活動になくてはならない存在です。ヒトの力抜きには業務遂行できません。何より，ほかの経営資源であるモノ，カネ，情報はすべて，ヒトが扱うことで意味を持つようになります。したがって，経営資源の中でも，とりわけヒトが大切な意味をもつといえます。

　モノとは，企業が生産する製品だけでなく，生産に必要な機械や設備なども含まれます。生産設備や工場もモノ，サービスのしくみを導入する場合，ソフトウェアもモノと考えることができます。つまり，企業が資産として認識するあらゆる要素をモノとして認識することができ，どのように活かしていくかが大切になります。また，経営分析メソッドの視点でモノを考えるとき，新たに追加するモノは，投資CFに示されているといえます。

　カネは，企業に必要となるあらゆる資金のことをいいます。原材料を調達するためにはカネが必要ですし，設備投資するにもカネが不可欠です。従業員を雇用しようと思えば給料や賃金の支払いが求められますから，やはりカネが必要です。カネが枯渇すれば企業活動は継続できませんし，資金を得るうえでも企業活動は大切です。とりわけ，経営分析メソッドの視点でカネを考えるとき，キャッシュ・フローに分解することで，企業がカネをどのように活かしているかを確認することができます。

　情報は，概ね1980年代以降，4つめの経営資源としての認識が広がりました。顧客のデータや関係に基づく経験，さらには企業活動を継続するためのノウハウなどの無形資産もまた，企業活動を説明するうえで大切な意味をもちます。知識や経験を企業活動に活かしていこうとすれば，それらを共有するしくみが必要ですし，情報を優位に活用しようと思えば，社外に流出しない工夫が必要になるでしょう。いかに有益な情報を特定して活用するかが問われる時代であり，これも立派な経営資源です。ただし，経営分析メソッドにおいて，情報は単独で切り出して議論することの難しい内容です。それだけに，情報をうまく

153

第Ⅲ部　発展編

活かしている企業を分析するには，十分な注意と非財務情報の丹念な精査が求められます。

15-2　企業の未来を説明する手掛かりがみつかります

　モノが投資CFに象徴される顕著な例として，食品卸売企業を挙げることができます。食品卸売企業は各社ともに，小売企業に供給するために商品を調達します。この調達行動が投資の大半となっていて，調達の必要性に応じて資金を増やして対応しています。

　それが小売企業になると，店舗を増やす行為が投資CFによって確認できるようになります。食品スーパーやドラッグストアにおいて顕著であり，直営店による多店舗展開を採用する企業はみな，店舗という経営資源を増やして企業活動の規模を拡大していきます。

　ただし，多店舗展開を志向する企業のうち，加盟店を増やして店舗増をねらう企業であれば，投資CFの内実は異なります。このときチェーンストア本部による投資CFの内実は，加盟店を含めたチェーンストア全体の付加価値向上に向けた仕掛けとなっているケースを，いくつも見ることができました。マクドナルドは，モバイルオーダーなど未来型店舗に必要な機能を整備することに尽力していたほか，モスフードは新POSシステムの導入によって，加盟店全体の競争力を向上させようとしていました。

15-3　経営資源の変化は異次元の挑戦につながります

　神戸物産の事例からは子会社株式の取得（子会社化）も重要な投資行動であることがわかりました。流通の垂直統合を進め，自社製品の優位性を確立しようとしていることは間違いなく，一般的な食品スーパーやドラッグストアが店舗を増やす手法である水平的展開の加速とはまったく異なる取組みです。それにより同社が展開する「業務スーパー」の特徴はさらに際立つことでしょう。

Chapter 15　分析事例の整理②（経営資源への関心）

　ほかにも，クスリのアオキが相次いで地元密着型の食品スーパーを子会社化するなどの動きがみられました。こちらは子会社化などの意思決定によって店舗を増やすことが可能になり，店舗数の増大という水平的展開の手法による子会社化といえます。

　クスリのアオキと神戸物産の投資行動を整理すると，**図表15-1**のようになります。

図表15-1 ■クスリのアオキと神戸物産の特徴的な投資行動（抜粋）

企業名	形態	企業名	本社所在地	目的
クスリの アオキ	子会社化	ナルックス	石川県金沢市	食品スーパーの機能獲得
	子会社化	フクヤ	京都府宮津市	〃
	吸収合併	サン・フラワー・マリヤマ	石川県輪島市	〃
	吸収合併	一二三屋	福島県いわき市	〃
	吸収分割	スーパーマルモ	茨城県土浦市	〃
神戸物産	子会社化	ターメルトフーズ	山口県防府市	業務スーパー事業の拡張
	子会社化	グリーンポートリー	岡山県津山市	〃
	子会社化	秦食品	滋賀県竜王町	〃

出所：両社有価証券報告書

　クスリのアオキは店舗を増やそうとする局面において，食品スーパーの機能を持たせる形態を想定しており，子会社化などの意思決定は大幅な出店増につながるばかりか，他社との差別化要因を付与する機会にしようとしています。それに対し神戸物産の進める食品製造企業の子会社化は，店舗を増やすねらいを持ちません。むしろ，特徴ある自社製品に基づく品揃えを拡充する効果が期待されるといえ，子会社化の成果を製品に結実させることで，特徴あるチェーンストア展開を確立しようとしていると考えることができます。つまり，神戸物産とクスリのアオキという同じ多店舗展開を前提とした小売企業でも，子会社化などの投資行動のねらいは，まったく異なるのです。

155

第Ⅲ部　発展編

15-4　新たな挑戦は成果に変化をもたらします

　本書で扱ったさまざまな事例を整理すると，投資CFの内実は実に多様なものでした。食品卸売企業の事例からは，取扱商品の確保が大きな意味をもっていることが理解できましたし，食品スーパーやドラッグストアの事例からは，店舗数を増やす投資行動が，売上高や営業利益の増加に直結することを確認しました。ただし，クスリのアオキや神戸物産の事例からは，投資の対象を店舗のような固定資産だけでなく子会社化や吸収合併の手法を選択することで，店舗等の資産だけでなく，影響力を行使する組織が有する知識やノウハウも取り込むねらいがわかりました。また，マクドナルドやモスフードの事例からは，本部が推し進める新しいサービス提供のプラットフォームや，店舗の利便性を向上させる独自のシステム導入の様子を確認できました。これらは，投資がチェーンストア全体に影響力を持つ本部の強いリーダーシップをもたらし，やはり売上高や営業利益の向上が期待できます。以上をまとめたものが，**図表15-2**です。

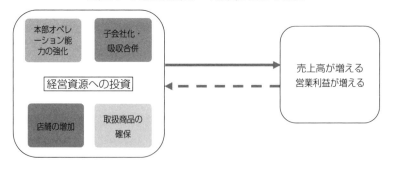

図表15-2 ■経営資源への投資が及ぼす効果

　さて，こうした特徴ある経営資源は，果たして企業の経営成績に作用するでしょうか。各社ともに，経営成績に作用することを前提に経営資源への投資が行われると考えられますが，売上高や営業利益が増加した要因に，こうした投資行動に成果があったという裏づけが見いだせるでしょうか。つまり，企業はある程度の因果関係（＝図表15-2中の左から右に向けた矢印）を想定して投資

Chapter 15 分析事例の整理②（経営資源への関心）

を行いますが，あらゆる投資のすべてが売上高や営業利益の増加要因として認識できるとは限りません。店舗が増えて売上高の総和が増えれば売上高が増えることは説明できますが，どれくらい増えるのかを最初から特定するのは困難です。つまり，企業活動の成果から逆説的に経営資源への投資を行うこと（＝**図表15-2**中の右から左に向けた矢印）はたやすくありません。だからこそ重要なのは，両者が相関関係として確認できる視点の探究であり，相関関係が成立しているならば，経営資源を積極的に操作して経営成績を向上させていくことができます。

　このように考えていくと，経営成績において比較的成果を想定しやすいものと想定しにくいものの両方が，経営資源への投資には含まれていると考えることができます。成果を想定しやすい，その確実性の高いものを特定して実行することも大切ですし，社会の変化に対応した，あるいは社会の変化を作りだしていく挑戦も，企業には求められます。未来志向の取組みになればなるほど，望ましい成果への到達は先のことになり，先行投資の意味合いが大きくなります。一方で，企業は利益を獲得しなければ，活動を継続することができません。大胆かつ積極的な挑戦をしようとすればするほど，売上高営業利益率が高くなければ，挑戦できる余地が少なくなることを意味します。その結果，あらゆる企業が売上高や営業利益の増加を追究するのは自明の理となります。では，企業は何を手掛かりに成長を模索するといえるでしょうか。次章では，経営者が考える，市場創造に向けたいくつかの視点に触れることにします。

157

第Ⅲ部　発展編

Chapter 16

市場創造に向けて

■本章の要点

✧　企業の違いと財務情報を結びつけて考えることで，戦略の違いが理解できます。それによって，戦略的行動の重要性や有効性の検討も可能です。

✧　組織の意思決定にはマーケティングや戦略の考え方があり，その有効性すら財務情報が裏づけるといえます。

これが理解できると…

◆戦略に裏づけられる財務情報の特徴がわかります。

◆市場創造を前提とした企業活動が説明できるようになります。

　ここまでの内容から，企業はさまざまな思考をしながら活動して，巧みに収益獲得しながら活動を継続していることが理解できます。しかし，企業も私たちも変化する社会の中で生きています。常に変化する社会を完全に見通して企業活動を行うことなどできません。そうした中で，企業はこれまでの実績をもとに将来を展望しながら成長志向で行動していきます。これを俯瞰してみると，経営者は絶えず経営資源を駆使して，どのように市場創造できるかを考えているといえ（**図表16-1**），企業の活動を理解するには市場創造の手掛かりにも視座を広げる必要があります。

　そこで本章では，市場創造の手掛かりとなる基本的な経営戦略の視点を示しながら，市場創造の可能性を考えていきます。

158

Chapter 16 市場創造に向けて

図表16-1 ■経営者が考えていること

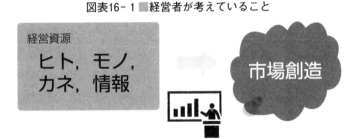

16-1 経営資源を集中させて特徴的な成果獲得をねらいます

　本書では，序盤ですでに多角化経営に触れています。企業活動の規模が大きくなると，複数の事業の運営が可能になります。複数の事業に活かすことができる共通の経営資源（ヒト，モノ，カネ，情報）を駆使して相乗効果を生み出すことができれば，多角化経営ならではの力を発揮できます。変化の激しい社会ですから，採算の悪い事業があっても，業績のよい事業に救われることがあります。つまり，複数の事業を同時に運営することは，企業グループ全体で安定的に成長するための決め手となる可能性を持ちます。

　しかし，どの事業にも競合他社がいて劣勢を強いられているようでは，多角化経営は意味を持ちません。競争に屈しない経営資源を蓄積し，適切な意思決定が繰り返されなければ，事業を成功には導けないでしょう。そこで考え出されたのが，選択と集中の戦略です。選択と集中の戦略は，特定の事業分野に経営資源を集中させることで，優れた経営効率を達成し，業績向上を図ることを目指すものです。つまり，自社が得意とする，あるいは得意としたい事業分野を限定して集中的に経営資源を蓄積することで，優れた成果に到達しようとする考え方が，選択と集中の戦略にはあるのです。

　この点について，事例をもとに考えてみましょう。ここでは，江崎グリコ株式会社（以下「江崎グリコ」）とカルビー株式会社（以下「カルビー」）を比較します。江崎グリコは製菓の総合メーカーであり，製菓・食品事業以外に，冷菓

159

第Ⅲ部　発展編

や乳業，食品原料，海外，その他事業を有する，日本を代表する多角化経営の企業です。それに対しカルビーは，ポテトチップスやシリアルといった特定のカテゴリーだけを商品化して市場に供給しています。

　図表16-2にあるように，売上高の総額こそ江崎グリコが上回っていますが，両社の差はそれほど大きくありません。ところが，売上高営業利益率を比較すると，**図表16-3**にあるように，両社の状況は逆転します。カルビーは，生産する商品アイテムを特定することで，限られた経営資源に集中して投資を行い，高い売上高営業利益率を達成します。それだけではありません。ポテトチップスなどの商品カテゴリーには，江崎グリコだけでなく，あらゆるカテゴリーに商品を供給している大手製菓企業が参入していません。これは，カルビーが圧倒的な商品供給能力を持っていることのあらわれといえます。もはや，参入障壁となっているのです。

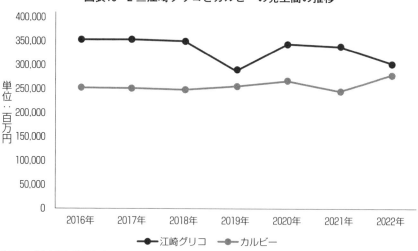

図表16-2　江崎グリコとカルビーの売上高の推移

出所：両社有価証券報告書

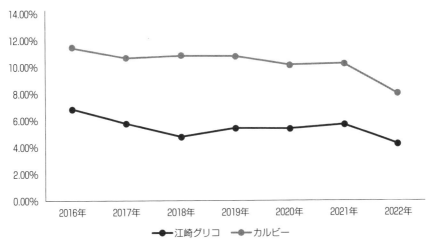

図表16-3 ■江崎グリコとカルビーの売上高営業利益率の推移

出所：両社有価証券報告書

　カルビーの事例をみれば，選択と集中の戦略が熾烈な企業間競争に屈しない有効な戦略であることが理解できます。ただし，最初からポテトチップスやシリアルに特化することが有効だと判断するのはたやすくありません。また，経営資源の特殊性から，原材料の調達などが困難な状況になった場合，事業の継続が困難になります。つまり，選択と集中によるリスクを承知のうえで，戦略を選択し実行することが求められるのです。

16-2　市場での地位による優劣があるといわれています

　かつて，ハーバード・ビジネススクール付属の戦略計画研究所で，PIMS（Profit Impact of Market Strategies）プロジェクトとよばれる研究が行われました。この研究で明らかになったのは，高い市場シェアを誇る企業ほど，収益性が高くなるということでした。これを裏づけるような現象は，現代でも確認できます。**図表16-4**は，カルビーと株式会社湖池屋（以下「湖池屋」）の売上高の推移です。

第Ⅲ部　発展編

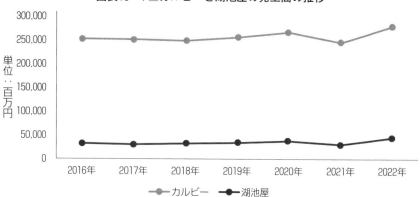

図表16-4　カルビーと湖池屋の売上高の推移

出所：両社有価証券報告書

　図表16-4のように，ポテトチップスのカテゴリーにおいては，カルビーの市場シェアが高いことがわかります。両社ともに選択と集中の戦略をとっていますが，両社の経営成績には大きな開きがあります。では，売上高営業利益率の違いはどうでしょうか。**図表16-5**は，カルビーと湖池屋の売上高営業利益率の推移です。

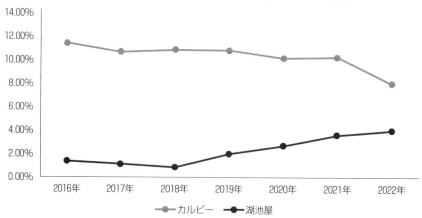

図表16-5　カルビーと湖池屋の売上高営業利益率の推移

出所：両社有価証券報告書

　図表16-5にあるように，近年は湖池屋の売上高営業利益率が上昇していますが，カルビーは湖池屋を下回ることがありません。市場シェアの高い企業は

ど高い収益性に到達するというPIMS研究の成果は、この結果からも妥当であると確認できます。

16-3 市場での競争地位によって採用される戦略は異なります

　市場シェアと売上高営業利益率に相関関係があるならば、劣勢を強いられている企業には、何ができるのでしょうか。どのようにして、市場シェアないし売上高営業利益率を高めることができるでしょうか。

　この点について、コンビニエンスストア4社の事例を用いて検討します。**図表16-6**は、コンビニエンスストア4社の営業総収入の推移を示し、**図表16-7**は、4社の営業総収入に占める営業利益率の推移を示しています。ここにあるように、セブン-イレブンが高い市場シェアを誇り、続いてローソンとファミリーマートが追っています。PIMS研究の発見は、ここでも裏づけられるかたちです。また、営業総収入に占める営業利益率でみても、セブン-イレブンの優位性が鮮明で、次いでローソンとファミリーマートが拮抗しています。これを企業間競争でみると、セブン-イレブンはリーダー、ローソンやファミリーマートはチャレンジャーとなります。

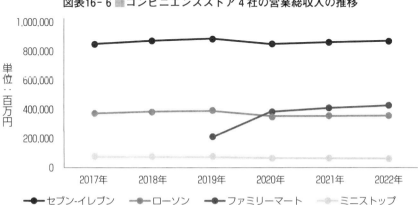

図表16-6　コンビニエンスストア4社の営業総収入の推移

出所：各社有報に記載のある財務諸表（単体）

第Ⅲ部　発展編

図表16-7 ■コンビニエンスストア4社の売上高営業利益率の推移（再掲）

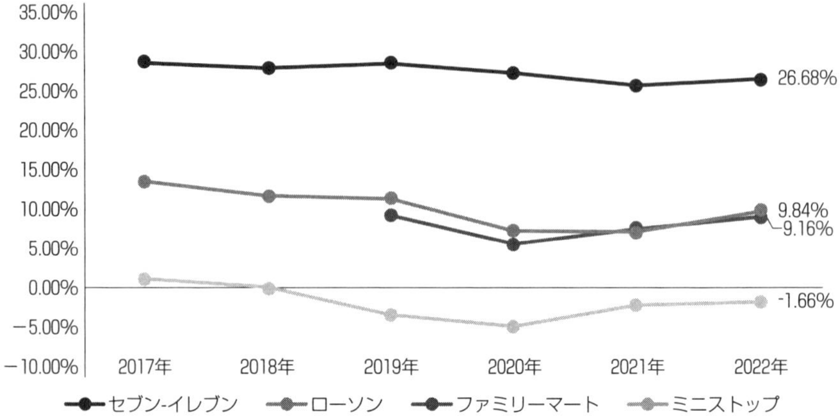

（グラフ）
- セブン-イレブン：26.68%
- ローソン：9.84%
- ファミリーマート：9.16%
- ミニストップ：-1.66%

横軸：2017年　2018年　2019年　2020年　2021年　2022年
縦軸：-10.00%～35.00%

出所：各社有報に記載のある財務諸表（単体）

　このとき，企業間の競争地位が戦略を規定するとした見方を，競争地位別戦略といいます。その特徴は，**図表16-8**のようにまとめることができます。

図表16-8 ■競争地位の類型化

競争地位	市場目標	競争対応戦略		需要対応戦略	
		競争基本方針	市場ターゲット	マーケティング・ミックス政策	
リーダー	・最大シェア ・最大利潤 ・名声・イメージ	全方位化 （オーソドックス）	フルカバレージ	・製品：中～高品質を軸としたフルライン化 ・価格：中～高価格水準 ・チャネル：開放型チャネル ・プロモーション：中～高水準，全体訴求型	
チャレンジャー	・市場シェア	差別化 （非オーソドックス）	セミフルカバレージ	・製品 ・価格 ・チャネル ・プロモーション	リーダーとの差別化
フォロワー	・生存利潤	模倣化	経済性セグメント	・他社並みかそれ以下の品質 ・低価格水準 ・価格訴求チャネル ・低プロモーション水準	
ニッチャー	・利潤 ・名声・イメージ	集中化	特定市場セグメント （製品・顧客層の特化）	・製品：限定ライン，中～高水準以上 ・価格：中～高価格水準 ・チャネル：限定型・特殊型チャネル ・プロモーション：特殊訴求	

出所：嶋口充輝・石井淳蔵（1995）『現代マーケティング（新版）』有斐閣，一部修正

Chapter 16 市場創造に向けて

　ここにあるように，セブン-イレブンには死角がなく，全方位的に商品が供給されているほか，ローソンはレギュラーのチェーン展開だけでなく，「ナチュラルローソン」や「ローソンストア100」など，店舗のブランディングから差別化していることが象徴的です。ファミリーマートは株式会社ドン・キホーテ（以下「ドン・キホーテ」）との提携や，ファミリーマートで洗濯ができる「ファミマランドリー」，そして多くのポイント提供会社と手を組んだ「ファミペイ」など，自社単独で完結しない取組みを幅広く展開していて，ローソンとは異なる差別化が推進されています。

　これらはいずれも，リーダーの影響力が強く全方位的な戦略をとるために，チャレンジャーをはじめとするほかの企業は，競争地位によってとらざるを得ない立場が規定されると考えることができます。自ずと戦略が特定できるわけです。結果として，**図表16-8**のような戦略パターンとして企業行動を整理できますが，こうした見方は現在も有効でしょうか。

　なお，同じ見方でカルビーと湖池屋の製品戦略に注目することもできそうです。競争地位別戦略が現代においても有効であるならば，企業は戦略に沿って経営資源を配置して活用しようとするに違いありません。こうした経営資源と戦略との関係を読み解くことも，経営分析メソッドを活用する醍醐味といえるでしょう。

16-4　企業はいつも挑戦について考えています

　これまでの検討から，あらゆる企業経営は戦略やマーケティングの視点に基づいていることが理解できるはずです。また，戦略やマーケティングの視点が意思決定に反映されることによって，経営資源が連動することになります。つまり，経営資源と戦略やマーケティングは相関関係にあるといえ，戦略やマーケティングの視点を根拠にして経営資源が用意されます。これは，経営資源を用いて戦略やマーケティングを実行しようとしていると説明することもできます。肝心なのは，戦略やマーケティングの視点が，適切に経営成績と結びつくかどうかです。残念ながら，未来の経営成績を特定して，そこから戦略やマー

165

ケティングを導くことはできません。したがって，依然としてこの部分は相関関係を特定することはできませんが，戦略やマーケティングの視点を用いて，確実に経営成績を予想しながら企業は成長を志向するといえます（**図表16-9**）。

図表16-9 ■戦略やマーケティングと経営資源，経営成績の関係

　また，あらゆる企業は製品や事業活動などさまざまなレベルで差別化しようとしています。それは，他社との違いを明確にし，企業ならではの提案が支持されることで，顧客からの支持を獲得し，そして関係を形成する基盤にしようとしているからです。他社と同質的な取組みばかりでは，自社の提案の特徴が伝わりません。顧客の記憶にも残らないかもしれません。有効性ある企業独自の提案を考えるうえで，差別化の視点は大前提となります。

　しかし，大胆な差別化は顧客からの支持が遠のく可能性があります。顧客の期待と無関係に差別化するくらいなら，他社と同質的で支持される提案を繰り返したほうが手堅いといえます。独自性や新規性の高い企業の提案は，優れた差別化として認識され定着すれば，高い収益性をもたらす大きな要因になり得ますが，それだけを意識した提案ばかりでは事業が安定しません。つまり，あらゆる意思決定は，差別化と同質化のあいだに存在するといえます。経営資源はこうして方向づけられていき，そこから経営成績に示される成果が生まれてくるのです。

16-5　どんなときも顧客との関係は大切です

　ここまでさまざま議論を展開してきましたが，最終的には顧客からの支持があってようやく収益が生まれます。いくら戦略やマーケティングの方向に合致した経営資源の活用に注力したところで，顧客からの支持抜きに収益は得られません。それはすなわち，企業にとっての成果が他者との関係にあるというこ

とであり，あらゆる企業活動は顧客とつながる必要があります。さて，そのつながりをどのように認識して行動することができるでしょうか。財務情報に示される収益は，あくまで関係が生じたあとのものばかりです。戦略やマーケティングを通じて，顧客との関係を明確にする必要があることは間違いありませんし，そうした自覚がさまざまな経営資源に関心を向ける機会になります。

16-6　コンサルティングの視点も身につきます

　本書の多くは，売上高や営業利益に注目した内容になっています。これが，本書が示す経営分析メソッドのコア部分であることに間違いないのですが，この部分を精査しても，顧客との関係が浮かび上がるわけではありません。だからこそ，財務情報だけで判断できず，あらゆる財務情報が示唆する内容を紐解くために，本書があるのです。本書が示していないところにすら発見は隠れていることでしょう。こうしたトレーニングを繰り返すことで，企業活動を適切に理解し，問題点を改善し，そして望ましい経営成績をもたらす考え方が得られるはずです。財務情報が描かない顧客との関係にまで議論が拡張できれば，そのとき成果に到達するプロセスが説明できるはずです。

　目的変数と説明変数のつながりをさまざま思考していくと，あるいは同じ業界の企業を複数分析対象としながらマーケティングや戦略の取組みの違いに注目することで，妥当性の高い視点がいくつか見つかることでしょう。マーケティングや戦略の理論が示唆する模範的な実践が実現しているケースもあれば，マーケティングの成果が不明確で戦略の有効性が低下しているケースもあるに違いありません。こうした発見こそが経営分析の醍醐味であり，その内容が洗練されていけば，企業経営をコンサルティングできる力にもなることでしょう。ぜひ，本書の経営分析メソッドを活用することで，さまざまな発見ができることを楽しんでいただければと思います。

おわりに

■本書が生まれた背景

　「もしかして，売上高と営業利益を見るだけでも，十分面白いのではないか？」この発見は，今からおよそ20年前の出来事です。当時，高等学校で簿記や会計を教えていた編集協力者である清水氏と私（今村）はともに，「簿記は好きだけれど，企業経営のことはわからない」という生徒に対し，簿記・会計の知識を活かすために何が足りないのかを教えられずにいました。企業経営を簡単に評価して議論するだけで，きっと楽しく企業経営を考えることができるはずなのに，どうしたらそれができるようになるのかがわからなかったのです。

　ちょうど授業でインターネットを活用する機会が増え，このころはすでに，上場企業が提供している財務諸表なら，いつでも手軽に閲覧できるようになっていました。財務諸表を入手する手間がかからないだけに，これを手がかりとして，企業経営の分析視点を確立しようとしていました。また漠然としつつも，当時の私たちは，企業経営を評価するのなら，財務諸表で見るのは損益計算書だと決めていました。また，売上高や営業利益の増減の理由は，有価証券報告書に記載がありましたから，その箇所を見つけて理解するだけで，企業活動の成果や課題を知ることができるという見通しは持っていました。しかし，もう少し詳細な理解を得ようとした途端，損益計算書の何をみてどう議論すればよいのかがわかりませんでした。高校生に教えるうえでわかりやすい共通の見方を持たなければ，さまざま分析は進められません。これが，私たちが独自に経営分析メソッドを確立しようという動機になったのです。

　一般に，会計は難しいという印象があります。特殊なものという認識も少なくありません。実際に，簿記・会計は資格試験があり，合格しようとすれば，専門的な知識や技能が必要です。さらに，税理士や公認会計士といった専門性の高い職業資格まで用意されているために，「難しいことは専門家に任せればよい」，「専門家がいるくらいだから，難しいに違いない」という印象があります。高校の授業でも，最初は理解できても次第に難しくなり，理解が追いつか

おわりに

ない生徒が出てきて，気がつけば，多くの生徒から簿記や会計は楽しくないという認識が広まっていることもありました。仮に簿記や会計が好きになった生徒でも，企業経営を語る機会はあまりなく，嫌いになると，もはや自分は企業実務に向かないと思い込んでしまうことも少なくありません。いつしか，こうした状況を打破したいと思うようになっていました。

　いざ，経営分析のメソッドを授業でとり上げてみると，たちまち生徒の笑顔が増えるようになりました。「簿記は嫌いだったけれど，この授業なら楽しい」という声が多くなり，意欲的に学ぶ生徒や学生が次々に増えたのです。売上高が増える企業を見つけて，そのメカニズムが説明できるようになると，いつの間にかその企業が憧れの就職先になっているケースがありました。そうかと思えば，営業利益が伸び悩み苦境に追い込まれている企業に注目した生徒や学生は，その問題点が説明できるようになり，いつの間にか，思考の転換が大切だといって収益改善のプロセスを語り始めていました。

　何かわからない問題が出てきたとき，生徒や学生と私たちが一緒に考えるのですが，この授業ならではのスタイルも生徒から好評でした。あらゆる気づきが問題解明の手がかりになるのですから，積極的な仮説発見の意見が求められます。あっという間に時間はすぎ，時には授業時間を超過して議論が続きました。会話に出てくるのは，企業が直面しているリアリティと財務情報の両方です。そこに戦略やマーケティングの視点が加わると，繋がらない点と点が線で繋がる感覚が生まれます。

　こうしてあらゆる知識が必要になりますから，授業では簿記や会計に加え，マーケティングやビジネスなどすべての教科書を持参し，まるで辞書のように使うようになりました。検討の過程で理解の不足を補ううえで，教科書の内容を総動員して学びます。こうした熱気あふれる授業を何度か経験してからは，簿記や会計を難しく考える必要はないと確信するようになりました。それと同時に，財務諸表が読めれば，企業の意思決定に言及できることも実感したのです。会計と経営実務に垣根はなく，隔たりのない思考で分析を進めれば，私たちにさまざまな発見がもたらされます。「経営分析できれば，企業の頭脳になれる」こう感じることができたのです。

169

おわりに

■むすびにかえて

　会計は決して難しくありません。また，本書の内容を理解するだけで，十分に企業活動を理解することになります。私たちは企業活動を評価することもできますし，あるいは意思決定に参画して成長の原動力になることができるはずです。あるいは，近年深刻化している事業承継の問題にも対処することができます。あらゆる意思決定に財務情報の活用は不可欠ですし，その力は，いわゆる資格等を通じて認識される会計スキルにとどまるものではありません。むしろ，優れた会計スキルを持っている人であるほど，こうした実践的な検討にも関心を持つことで，組織の意思決定やそれに起因した発展，成長に直接関与することが可能になるのです。こうした自立的なスキルを持つ人が増えることで，ポジティブな働き方が生まれるでしょうし，活発な議論の場が増えるでしょう。それは自立的な生き方，働き方を生み出す原動力にもなり，企業活動の水準そのものを高度化させる力にもなるでしょう。そうした社会の発展に寄与できることを祈念します。

■出版にあたって

　前述のとおり，本書は私（今村）が高等学校在職時のアイディアに長年の実践を通じて内容を補強して，さらに分析の段階を明確にするなどのブラッシュアップをしたものです。経営分析が誰にでも取り組みやすいメソッドとして確立できなければ，企業経営のリアルを感じることはできません。だからこそ，生徒や学生にわかりやすく教える努力を積み重ねてきました。とりわけ，茨城大学マーケティング論ゼミナールの学生から多くの知見が得られました。その結果，メソッドを用いた教育の楽しさが多くの人に伝わり，こうして多くの編集協力者とともに本書を執筆することができました。現在は，これらメンバーを核として経営アナリスト研究会を組織し，全国研究協議大会の開催も実現しています。

　一方で，その過程には財務情報を適切に分析するために，専門家による指導助言が欠かせませんでした。財務情報の精査，有価証券報告書の取扱い，経営

分析の研究手法の妥当性について幅広く，指導助言を得ながら，シンプルで汎用性の高い経営分析のメソッドができあがりました。この取組みを進めた初期の段階には，徳光啓子先生（公認会計士）の多大なサポートがあったほか，全国研究協議大会については，主に本書の共著者である赤岩茂先生（税理士法人報徳事務所代表社員・理事長，公認会計士・税理士）のご協力がありました。

　本書が示す経営分析のメソッドは誰でも活用できる汎用性の高いものであり，その枠組みが長期にわたり活用できるものだとの確信を持っている一方で，社会の変化は激しく，企業の内実も刻々と変化しています。そのため，特徴的な業種や業態の特徴を浮き彫りにしようとすれば，新たな視点に基づく検討が必要になり，メソッドの進化が絶えず必要ともいえます。私たちは，日々教育や研究を通じてメソッドの活用を繰り返し，その時代に応じた分析手法を生み出していくとともに，一方で汎用性の高い手法を確立することで，誰でも手軽に取り組むことのできるメソッドを示せるよう努めたいと考えています。関心を持つ多くの方とともにメソッドを進化させ，こうした議論を通じてメソッド活用の有効性がさまざま検討されることを期待しています。最後までお読みいただき，誠にありがとうございました。

【編集協力者】

徳光啓子（公認会計士）

相澤　樹（茨城県立石岡商業高等学校 教諭）

市瀬利之（長野県総合教育センター 専門主事）

岩本淳悟（兵庫県立姫路商業高等学校 教諭）

佐伯美緒（茨城県立日立商業高等学校 教諭）

茂田昌則（茨城県立古河第一高等学校 教諭）

清水秀樹（兵庫県立長田商業高等学校 教諭）

渡邊利視（茨城県立茨城東高等学校 教頭）

＜著者紹介＞

今村　一真（いまむら・かずま）

茨城大学　学術研究院人文社会科学野　教授，経営アナリスト研究会代表

約20年におよぶ高等学校教員生活の中で，同僚とともに経営分析メソッドを開発。2014年に経営アナリスト研究会を発足させたほか（当時は「ビジネス・キャリア研究会」，2019年に改称），2019年8月からは全国研究協議大会を開催し，以後毎年，高校生，大学生，社会人，高等学校の教員などを交えて，メソッドを通じた企業活動の検討の意義を議論している。本取組みに関する著作には，「商業教育を活かすメソッドの開発―新たなゴールと教育革新の意義」『じっきょう―商業教育資料』第387巻，2015年，13-16頁，「商業教育を活かした経営分析のメソッドの実際―論理的思考がもたらすブレークスルー」『とうほうnavi』第21巻，2022年，1-9頁がある。専門の研究領域はマーケティング。

赤岩　茂（あかいわ・しげる）

公認会計士・税理士　税理士法人報徳事務所代表社員・理事長

1980年法政大学卒業。監査法人等勤務を経て，1989年独立。2002年税理士法人報徳事務所設立，代表社員・理事長に就任し，現在に至る。現在，人を大切にする経営学会副会長，日本でいちばん大切にしたい会社大賞審査委員長，古河市代表監査委員，結城信用金庫員外監事，茨城大学大学院人文社会科学研究科非常勤講師を務める。主な著書に『資金調達力の強化書』編著，あさ出版，『進化の時代を乗り切るための人生と経営の道標』ラグーナ出版，『後継者の仕事』編著，PHP出版，他多数

売上高×営業利益×キャッシュフローで
会社の「稼ぐ力」を読み解く

2024年10月15日　第1版第1刷発行

著　者	今　村　一　真	
	赤　岩　　　茂	
発行者	山　本　　　継	
発行所	㈱中央経済社	
発売元	㈱中央経済グループパブリッシング	

〒101-0051　東京都千代田区神田神保町1-35
電話　03（3293）3371（編集代表）
03（3293）3381（営業代表）
https://www.chuokeizai.co.jp
印刷／三英グラフィック・アーツ㈱
製本／侑井　上　製　本　所

© 2024
Printed in Japan

＊頁の「欠落」や「順序違い」などがありましたらお取り替えいたしますので発売元までご送付ください。（送料小社負担）

ISBN978-4-502-51471-5　C3034

JCOPY〈出版者著作権管理機構委託出版物〉本書を無断で複写複製（コピー）することは，著作権法上の例外を除き，禁じられています。本書をコピーされる場合は事前に出版者著作権管理機構（JCOPY）の許諾を受けてください。
JCOPY〈https://www.jcopy.or.jp　eメール：info@jcopy.or.jp〉